A I

NEWSMAKERS

Artificial Intelligence and
the Future of Journalism

FRANCESCO MARCONI

フランチェスコ・マルコーニ
近藤伸郎 訳

最新報告
AIでジャーナリズムは こう変わった

プレジデント社

NEWSMAKERS

BY FRANCESCO MARCONI

訳者による補足としての前書き

本書では、ある架空の人格の記者とともにストーリーが進行していく。

そこは、テクノロジーが今より少しだけ進んだ近未来。人工知能＝ＡＩをジャーナリズムの世界にも導入・実装すべく奔走していくその記者を、本書では親しみを込めて「ＡＩ記者さん」と呼ぶことにする。

「ＡＩ記者さん」とは、ＡＩによって代替された記者のことではなく、生身の人間の記者を指す。これからご覧いただくのは、そんな架空の記者の奮闘のエピソードである。報道という実際の現場で活用されるＡＩの姿を具体的に目にすることで、読者はＡＩの可能性と課題について考えることができる。加えて、この先のジャーナリズムのシーンは一体どうなっていくのかを、考えるヒントともなるだろう。

その意味で本書はジャーナリズムにおけるＡＩの「取扱説明書」であり、これを読み終える頃には、読者は「ＡＩ記者」となっているに違いない。

AI記者　最新報告　AIでジャーナリズムはこう変わった　目次

2 それを可能にするには

――ジャーナリズム改革を加速させるAI技術

3 ワークフロー――報道機関のDXに必要な拡張的プロセス

・本文における※は、訳者による補足である。

序文

近年の技術の進歩はめざましく、ジャーナリズム業界では、より速報性の高いニュースや、レスポンシブな報道が求められている。こうした環境で、もし報道機関が来るべき人工知能（ＡＩ）の波に乗り遅れたくないのであれば、そしてジャーナリズムを衰退させたくないのであれば、これまでにないプロセスとワークフローが極めて重要になる。

人工知能はすでに私たちの生活に浸透しているし、これから人類を新しい時代に導くことになるだろう。広義のＡＩとは、経験から学ぶ人間のように仕事を行うスマートマシンのことをいう。データが増え、コンピュータの性能が向上したこともあり、私たちは世界や身の回りのことを新たなレベルで理解できるようになった。

人工知能は単なる社会の変化という次元を越えて、あらゆる経済の動向にも影響を及ぼしていくことになるだろう。コンサルティング・ファームであるＰｗＣの概算によると、2030年までにAIは世界経済に対して潜在的には15・7兆ドル（約2260兆円）の貢献をし、その結果、地球上のすべての地域でGDP向上が期待できるとしている[1]。

通信や自動車製造業、金融サービスなどの業界ではすでにAIに大量の投資を行っているが、技術そのものはまだ発展の最初期段階といえる。スマートマシンによりもたらされる革命によって、大いに稼ぐ企業も出てくれば、廃業の危機にさらされる企業も出てくるだろう。AIに対する適切な知識と技術的資源なしには、どんな組織もこのディスラプション[※1]を前に進めていくことはできないのである。

今こそ、成功をおさめるために変化の土台を築くときである。つまり、ニュース産業として、どのように取材を行い、どのように読者・視聴者に届けるかを考え直さねばならないのだ。その結果として生まれるAI活用型ジャーナリズムにおいて、これまでとは違う新たなレベルで編集や組織論を考え直す必要がある。

特に小規模な報道機関では、人工知能をDX[※2]のロードマップにおける中心に位置づけなければ大きく後れをとってしまう危険性がある。巨額な財務投資は必要ないとしても、社員の養成や社風の変革にもっと注意を向けなければならない。

本書では、詳細なケーススタディを通じてこれからの時代におけるＡＩの課題と可能性を模索していく。例えば、アルゴリズムを使って記事の制作を自動化する報道機関や、膨大なデータを解析する調査報道の記者、プラットフォームごとにコンテンツ配信を大幅に切り替えることにしたメディアなどを紹介していく。

本書で私が伝えたいメッセージはこうだ。ＡＩは業界を自動化するのではなく強化する。そして、ＡＩを使うことでジャーナリストはより多くのニュースをすばやく伝えることができるだけでなく、より深い分析ができる自由な時間も生み出せるようになる。

ベテランの編集長であろうが、フリーランスのジャーナリストであろうが、ジャーナリズム・スクールを出たばかりの人であろうが関係ない。私の目的は、ＡＩがニュースのプロに貢献することができる最良の方法について、分かりやすく実用的なロードマップを示すことにある。技術にかかるコストが下がることで、今やスマートソフトウェアが誰の手にも届くようになった。まもなく、報道のツールやプロセスの大部分は人工知能を活用したものになっていくだろう。

今生まれつつある21世紀のニュースメディアのモデルでは、編集責任者がジャーナリストでありつつ「情報屋」でもあらねばならない。新たな読者・視聴者のニーズに常に応え続け、これまでと違ったかたちの報道を生み出し、配信の手段も複数探る必要があるのだ。その一方で、ニュースの作られ方や消費のされ方に影響を与える新たな技術にも目を向けなければならない。これが、ジャーナリストが以前より仕事を**イテレーティブ**なかたちで行わなければならない理由である。**イテレーティブ**とは、新たな技術を活用して、急速に変化する読者のニーズにリアルタイムに反応することを指す言葉だ。

イテレーティブ・ジャーナリズムとは、単に新しいアイデアを試したり取り入れたりすることとは異なる。データによってもたらされるレスポンシブなプロセスのことをいう。これは新たなテクノロジーによって組織が前に進んでいくプロセスのことを指すのであり、テクノロジーそのものを意味する言葉ではない。

ここまで見てきたように、本書は、「技術革新」や「新しいテクノロジー」をジャーナリズムにもち込む方法論について述べる本ではない。私は、AP通信のAI担当共同リーダーとして、またウォール・ストリート・ジャーナルにおける最初のR&Dチーフとして、技術者、データサイエンティスト、記者で構成されたチームを率いてきた。何年も報道の分野で新規事業を行ってきた立場として、今起こっていることを実感している。

思わず目を背けたくなる多くのマニュアルとは異なり、これからお読みいただくのは、ジャーナリズムの実際の領域と実践に根ざしたものである。実際に試された戦略やツール、技術を、私が「AI記者さん」と呼ぶ、そう遠くない未来のジャーナリストの一例を通じて、すぐれた実践や失敗した試み、実用的な取り組みとともに述べていきたい。

本書では、あらゆる規模の報道機関（マスメディアだけではない！）における、あらゆる年次のジャーナリストが、どのようにAIを日々の仕事に取り入れるべきかについて説明する。

「AI記者さん」は、あらゆる報道機関に存在する。彼らは目的のためであれば、どんな方法を使ってでも熱心に新たなアイデアを試す人たちである。問題解決のためであれば報道部外にも目を向け、様々な提携を受け入れる。最も重要なのは、彼らは失敗を恐れないということだ。失敗といってもせいぜい、報道機関のDXにおいての、たった一歩を踏み出すことに失敗したということにすぎない。

本書では、AI記者さんをモデルにすることで、ニュースに関するイノベーションのお決まりの言葉は極力カットしている。その内容は、試行錯誤をしながら、実際に検証を行い、メディアを調査することで生まれた副産物である。よって、ここで行われる議論は技術的なものではなく概念的なものであり、簡潔さこそがエッセンスとなっている。本書は、何をすべきかについて言及する本ではない。ジャーナリズム、まさにメディア業界の未来を考えるための本なのだ。

このマニュアルには3つのパートがある。まずDXにおける業界の問題を述べ、次に解決策として報道プロセスを刷新する人工知能のツールやテクノロジーなどを説明する。最後に、イテレーティブ・ジャーナリズムのためのワークフローのモデルをみていく。

※1　テクノロジーによる破壊的イノベーションのこと。

※2　デジタル・トランスフォーメーション。技術によって生活やビジネスが変容していくこと。原文ではただの「transformation移行」と述べられているが、デジタルの文脈であり、「DX」という言葉が十分、日本でも馴染みのあるものになったため、こう訳した。

これは何の本か、ＡＩで分析すると……

次ページの図０はこの本のネットワークグラフで、同時に使われた言葉として高い頻度のものが互いに近接して表されている。例えば、「ＡＩ」という単語が使われるたびに、「記者」「記事」「データ」「報道機関」「ジャーナリズム」という言葉が同じ文で現れる可能性が高いということになる。

コーパス[※1]で頻度の高かった単語[※2]はＡＩ（４１９）、記事（２８５）、記者（２５９）、使う（１７４）、データ（１７３）、ニュース（１６９）、報道機関（１６１）、読者（１４８）、ジャーナリスト（１４０）、新た（１２４）、必要（１２３）、行う（１２１）、ジャーナリズム（１１４）、化（１０９）、アルゴリズム（１０３）となった。

※１　データとしての言葉の集合体。
※２　原書では英単語でネットワークグラフが描かれているものを、訳者がPythonでプログラムを書き、日本語の翻訳データで再現した。

図0／ネットワークグラフ
形態素解析にはmecab-ipadic-neologdを用い、頻度100を超える名詞・動詞・形容詞・副詞を抽出後、1文ごとの共起関係を可視化した。

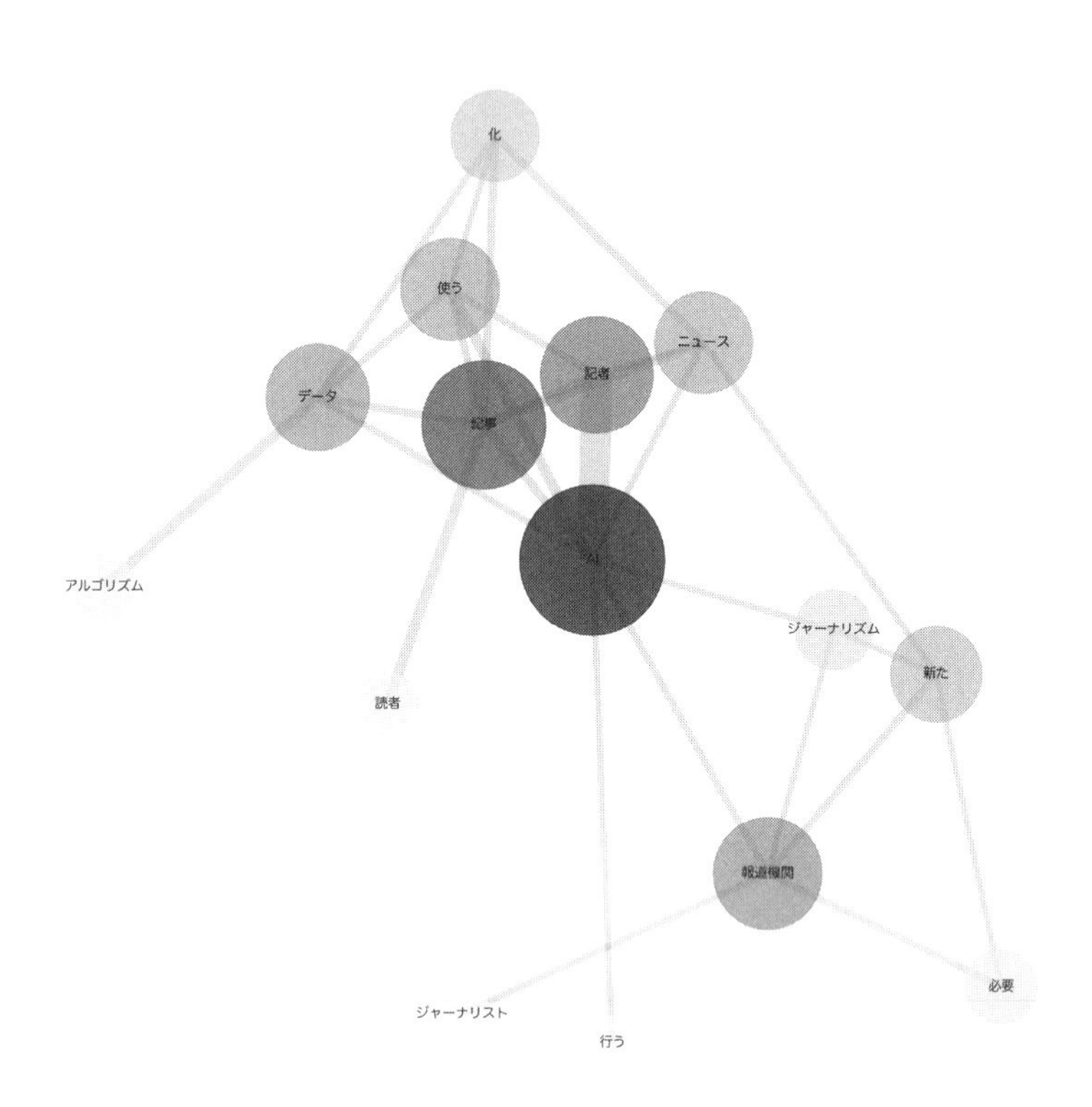

はじめに

技術はジャーナリズム業界の基準よりも速い

まずは、ＡＩ記者さんを紹介しよう。この記者はニュースを制作するのに、新しいツールを使っている。ジャーナリストであると同時に、技術者としての役割も求められているのだ。このＡＩ記者さんは、メディア業界の近未来を代表する存在である。そこでは、単に筋書きに沿った報道を行うだけでなく、これまでに存在しなかった報道の仕方が可能となっている。[※1] 本書におけるＡＩ記者さんとは、ＤＸの時代にただ生き残るだけでなくキャリアの成功をも願うジャーナリスト、報道関係者全体のことを指す。

ＡＩ記者さんは、私がフェアビューと名付けた町[※2]を拠点に大手メディアで数年働き、様々な分野で記事を書き、重大ニュースを制作してきた。そのＡＩ記者さんが、最近、編集長から呼び出され、人工知能の技術を活用して報道機関で効率を上げる方法を探ってくれと命じられたのだ。

さて、どうすればいいのか。いきなり人工知能と言われても困った。ＡＩの活用は、もともと高い技術をもったスタートアップ企業で始まったものかもしれないが、それを報道の現場で活用せよというわけである。大変なことのように思えるが、身構える必要は全くない。ネットで数時間検索するだけで、ＡＩが何たるかは分かるからである。ＡＩ記者さんは、ＡＩを「アルゴリズム、つまりコンピュータの計算が、人間レベルの推論に高まることによって可能になるスマートマシン」と理解した。[※3]

報道機関がジャーナリズムにＡＩを活用した例は様々ある。

・フォーブス誌はＡＩを活用したコンテンツ管理システムを開発し、記事に必要な見出しや写真を自動的に提示させている。[(1)]

・ワシントンポストは、金融業界の動向や選挙結果など、ニュースにするべきデータのパターンを見つける記者ボットを使うことで、スクープにつなげている。

・AP通信はスマートテクノロジーを使って、人間の記者が関与することなくすべてのNBAの試合結果の記事を作っている。これにより、スポーツ記者には新たな時間が生まれ、調査報道など記者にしかできない仕事に集中することが可能になっている。[2]

・ウォール・ストリート・ジャーナルの有料コンテンツは、新たな読者が購読しそうなタイミングを予測するアルゴリズムにより動いている。[3]これにより、ビジネス出版部は収益と、読者層を増やしている。

・よりいっそう未来を予感させる例として、中国の新華社は世界で最初となるAIアナウンサーを作り出した。これは、人間のジャーナリストに似たデジタルのレプリカである。[4]

これらのシステムがニュース制作における「編集を行うアルゴリズム」たり得るのは一定の領域に限られる。これは、あるレベル以上になると、人間の管理が必要となるためである。

最初のリサーチを終えたＡＩ記者さんだが、まだ解決されずに残っている疑問が様々にあった。例えば、ソフトウェアを使い記事を生成すれば、誰の署名となるのか。データはどこから持ってきて、どのようなプロセスで記事はできあがるのか。ＡＩを報道に使う場合、品質のコントロールはどのように行うべきか。機械に置き換わることで、人間は仕事を失わないか。

何をするにしても、これらの疑問にすべて答える必要がある。こういった疑問が浴びせられるのは、このＡＩ記者さんだけではない。テクノロジーの進歩は、ジャーナリズムそのものの進歩より速い。ジャーナリズムを責めることができない理由は、結局のところ、健全な編集基準を担保しながらテクノロジーの進歩のスピードに追いつくことが、業界として不可能だからである。そのため、不可避的だが**必然的な**タイムラグが生じてしまうのだ。

今、ＡＩ記者さんは、ジャーナリズムが１９９０年代後半に経験したことと同じ状況に直面している。かつて、報道の業界ではインターネットのブームにより大きな変化が引き起こされ、それまでとは全く異なる消費動向を経験することになった。

図0.1／ジャーナリズムの基準を維持すると技術革新には時間が必要になる

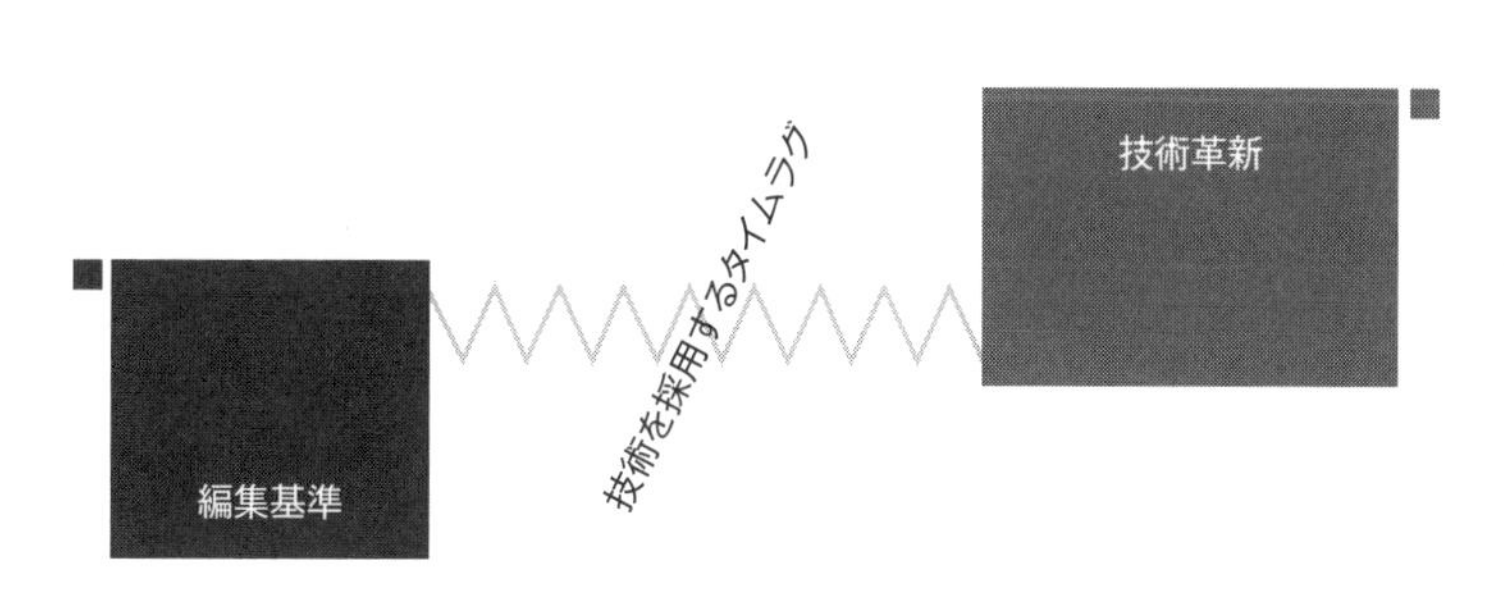

紙面をスキャンしてPDF文書としてオンラインで利用できるようにし、デジタルに乗り出した新聞社も多く存在する。技術コストが下がり、デジタル技能を手に入れることにより、報道機関はオンラインコンテンツを制作し、配信することができるようになった。それが成功モデルとなることにより、デジタルが活性化している今日の状況につながっている。アメリカの労働統計局によれば、2016年は新聞社よりもインターネット上のメディアの仕事の方が多くなった最初の年であるということだ。デジタルメディアの成長が示しているのは、これまでまったく見たことのない産業の変化である。(5)

ＡＩが約束するのは、ジャーナリズムの全ワークフローにおけるさらなる加速度的な変化である。技術的な進歩のペースが速いということは、報道機関も最新の状態であり続けるために、絶えず学習と訓練が必要になるということである。

「ディスラプション〔破壊〕」という言葉は、輝かしい今日における多くの新しいテクノロジーで使われているが、これが動詞〔破壊する〕として使われる場合、それは市場での導入という特定の点を指している。何かが「ディスラプション」されるというのは、伝統的な方法やアプローチが大量消費社会において最適でなくなるという意味だ。この定義で鍵となる用語は「大量〔マス〕」である。革新的である、または単に新しいだけだと破壊的なものとはならない。一方、最も単純な解決策であっても、大多数のユーザーや消費者に使われることで、ほんの短期間で既存の業界を破壊し得るものもある。

インターネットがメディア業界を破壊したのは、最も予想外のユーザーが使い始めたからだ。オンラインの消費者が大衆〔マス〕として決定的な位置づけとなることで、報道機関は新たなデジタル制作を実践し、ビジネスモデルを更新しなければならなくなった。

ＤＸにおいては、従業員に最新のテクノロジーを教えることに成功した組織がある一方で、競争が激化するなかで読者・視聴者のニーズにすばやく合わせることができず収入を減らす組織も出てくる。

人工知能においても同じことがいえる。現時点でＡＩは使われ始めたばかりなので、このＡＩ記者さんも他の記者よりも一歩抜きんでたいと思っていた。というのも、報道機関の持続可能性に対して疑問を抱いていたからだ。では、ニュースの収集をもっと効率よく行うにはどうすればいいだろうか。そして、業界にインパクトのある記事を作るためには、どうすればいいのだろうか。

その答えは報道業界が新しいテクノロジーを導入し、そこに適応できるかどうかにかかっている。ディスラプションは、新たなインフラに巨額の投資ができるような巨大テック企業によって推進されることが多い。オライリー・メディアによる２０１６年の調査によれば、同年、ソフトウェア会社とＩＴ企業の33％が、ＡＩに対して投資を行っているのに対し、新聞社を含むオンラインメディアは１・33％しか行っていないということだ[6]。ジャーナリスト国際センターが実施した２０１７年の報告書によると、報道機関で働いている人で技術に関する学位をもっているのは５％

図0.2／人工知能がジャーナリズムのあらゆる価値にインパクトを与える

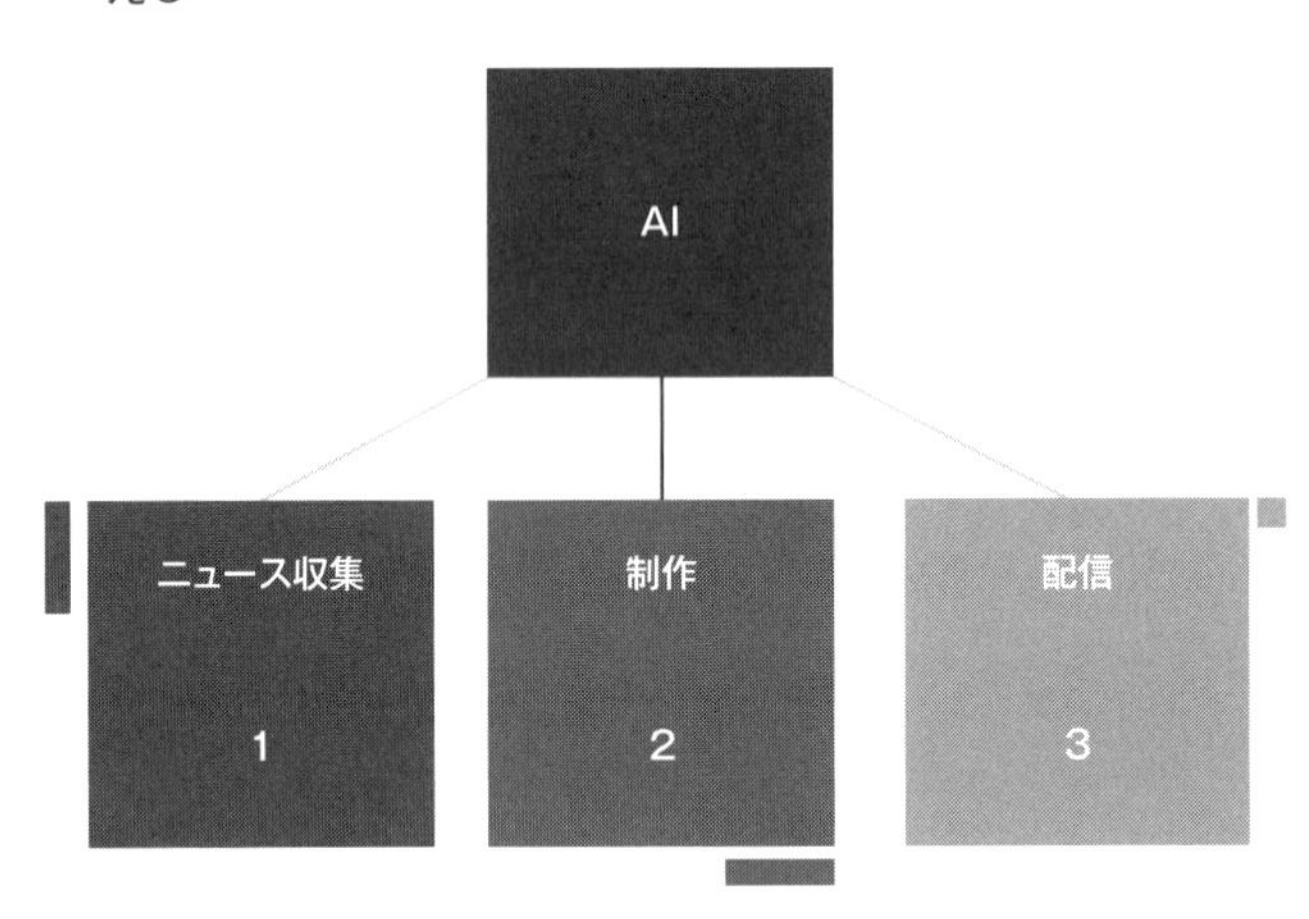

にすぎず、技術職[※4]を雇っている報道機関はわずか2%、アナリティクスエディター[※5]を雇っているのはたった1%だった[7]。

AI記者さんは、テックジャイアント[※6]と競ってまったく新しい技術を開発するのではなく、AIを活用したツールを使って持続可能なジャーナリズムを生み出す方法を学ばなければならない。

そこで、考えられることを書き出してみる。

人工知能の技術の勃興は、ニュース収集・制作・配信に急速な影響を及ぼす。

新しい技能、ツール、ワークフローが必要となる。しかし、だからといって報道部に誰も人がおらず、仕事場がスマートマシンのためだけにあるというような事態にはならない。人間と機械の新たな連携のかたちとでもいうべきものが、未来である。

・**ニュース収集**：人工知能によって、新たなタイプの収集プロセスが可能となり、情報源や記事のネタになる。機械学習によりデータの外れ値を見つけ、ソーシャルメディアのユーザーが生成したコンテンツからその傾向を自動的に探し出し、文書から情報を抽出することがこれにあたる。

・**制作**：記者が模索することができるのは、コンテンツを自動作成したり、（データをテキストに、テキストをビデオに変換するというような）メディアの形式を変換するアルゴリズムを使ったり、様々な読者・視聴者に合わせてコンテンツをカスタマイズするというようなことである。

・**配信**：新たなプラットフォームでは、ＡＩがニュースの消費者の行動を理解し、リアルタイムな掲載とマネタイズを最適化することで、ジャーナリストの代わりとなる。

※1　原文では、「単なるstorytellingだけでなく、story-enabling」という書かれ方をしている。ジャーナリストは、ニュースの記事などを制作する際、多くの人に伝わりやすくするために「物語＝story」を考えなければならない。その物語を語る（＝物語る）ことを英語ではstorytelling（ストーリーテリング）という。新たな物語を可能にするという意味で、ここではstory-enablingという言葉が使われている。
※2　同じ名前の町はアメリカに複数存在するが、ここでは架空の町の設定となっている。
※3　実際、ＡＩ＝人工知能には定義がない、もしくは、人によって定義が様々に異なる。訳者は、大きく機械学習の手法を用いているものをＡＩと考えているが、ひと口に機械学習と言っても単純なものから非常に複雑なものまで存在するため、本書のように「人間レベルの推論」と定義するのも悪くはない。ただし、何をもって「人間レベル」といえるか定かではなく、むしろＡＩは人間と異なり膨大な単純作業を行うことを得意とする性格をもつ。何でもできるＡＩ、つまり汎用人工知能の研究は進められているが、実装フェーズは遠く、現時点でＡＩができることは一点特化型の領域に限定されたものであるということができるだろう。
※4　いわゆるエンジニアより広い範囲の職を指す「テクノロジスト」。
※5　データ分析を行う記者。
※6　巨大ＩＴ企業。

どんどん変わっていく消費状況

最近、ＡＩ記者さんは、報道部で行った同僚とのブレインストーミングで、消費者とその習慣がどう変わってきているかについて議論を行った。そこでＡＩ記者さんが取り上げたのは、ロイターのジャーナリズム研究所が出版している『デジタルニュースリポート２０１８』である。それによると、ソーシャルメディアをニュースの情報源だと考えている人は、２０１３年から２０１６年で2倍に増えて46％になった[8]。同じ研究で、39％の人が日々のニュースの最初の情報源として、紙の新聞ではなくオンラインコンテンツを読んでいることが明らかになったと、ＡＩ記者さんは同僚に説明した。

「ハイパーイノベーション」や「ハイパーアダプテーション」と呼ぶアナリストもいるほど、私たちの世界は生産・消費の新たな時代として定義されるところまできている[9]。

消費者がどんどん新しいものを使うようになり、それがニュースを含むあらゆる消費に影響を及ぼしている。

ＡＩ記者さんは、先ほどの事例をまさに目撃することになる。ここ何年かの間に読者の好みは完全に変わってしまった。文化と社会が変化し、以前とは異なるコンテンツが好まれるようになると予想するのは簡単だが、それだけでない。以前と異なるプラットフォームで届けられるコンテンツのタイプが好まれるようになったのだ。

ＡＰ通信の調査によると、年配者はテレビ、ラジオ、紙の新聞に頼っているが、若い消費者はニュースをオンラインで見る傾向にある。18～29歳では、スマホ・携帯電話がテレビと同じくらいニュースの情報源として重要なものになっている[10]。同様に、『デジタルニュースリポート２０１８』によると、18～29歳の53％がニュースを見るためにソーシャルメディアを使っているが、55歳以上ではわずか33％に留まり、若い世代は年配者に比べて、ニュースサイトに直接アクセスせずに、ソーシャルメディアや検索エンジンからニュースを見る傾向にある[11]。

これらの消費動向は今が最も盛んで、まったくこれまでの流れとは異なるニュースの制作と消費が生み出されている。ＡＩ記者さんは、これをチャンスだと捉えた。ＡＩ技術を使うのは、それが「次にくるデカいこと」であるからではなく、同時に多くの読者・視聴者に届ける必要性があるという報道機関の大きな弱点を、ＡＩ技術が解決してくれると分かっているためだ。

人工知能は、わずかなデータのパターンを調べ、複合メディア的な経験を生み出し、裸眼では捉えられない文脈を掘り起こすことができる。それによって実現されるのは、よりダイナミックで、パーソナライズされ、カスタマイズされた報道だ。例えば、新華社のＡＩプラットフォーム「メディア・ブレイン」では、公的・私的にソーシャルメディア、検索エンジン、ニュース記事などからデータを集めることで、潜在的なニュースを監視するだけでなく、コンテンツ制作や配信も最適化できるようになっている[12]。

業界中がＡＩによって猛スピードで会社を刷新することに追い込まれている。しかしながら、新しいことやこれまでと違ったことを行うリスクは劇的に少なくなっているために、人々は加速化した変化のサイクルに慣れつつある。実際、リスクはあって当たり前というものになってきている。先端技術のおかげで、コンテンツ制作者はより安価に相手に届けることができるので、金銭面からも感情面からもリスクを引き下げることができる。

ＡＩ記者さんが気づいたのは、ニュース産業がこういった変化の影響を受ける速さである。例えば、オンラインでは、ＡＩ記者さんの新聞は、ブランドという点で数多くあるうちのひとつでしかない。もっともらしいニュース配信サイトがたくさん存在し、ユーザーの注目度をめぐって、記者の見解は大変な競争にさらされている。非公式ブログも、競合として重要でないとはいえないのだ。大手報道機関というブランドだけで支持を得ることができる時代は終わった。デジタル時代において記者は、常に読者の支持を獲得し続けなければならないのだ。

誰でもコンテンツが作成できて簡単に配信することができる新しいスマートテクノロジーの出現により、報道ビジネスに対する新規参入のハードルは相当下がっている。オンラインでメディアを立ち上げ読者を増やすことは、ネットのおかげでほぼ例外なく誰にでも可能になった。

コンテンツクリエイターがデータからテキストやビデオを自動作成したり、文書に隠された知見を見つけ出したり、プラットフォームを飛び越えてコンテンツの配信を最適化したりするのに、人工知能は最先端の力を発揮する。東京に本社を置くスタートアップ企業のＪＸ通信社は、人工知能を活用することによりソーシャルメディア上でニュース速報を見つけ出し、「事故や自然災害、その他の事件に関する緊急ニュース速報」を自動作成している。[13] この革新的な方法により、日本の伝統的な新聞社やテレビ局より抜きん出たニュース速報を出すことができている。[14]

これらの新しい方法により、報道機関は他社と競合するだけでなく、伝統的なワークフローを破壊し、新たなコンテンツを商品化する新しい技術に挑戦している。

デジタル技術は、変化する革新〔イノベーション〕と適応〔アダプテーション〕の環境をたえず作り出しているので、AI記者さんのような人は、ニュースの消費者に何を届けるべきかを見直す必要が出てくる。彼らは、単に新しい技術を職場で活用するだけでなく、競争上の優位性を保つために新しい働き方を積極的に受け入れる必要があるのだ。

ニュースを考え直す未来を見すえたアプローチ

ニュースの未来をデザインするうえで必要なのは、慎重でありながら楽観主義であることだ。つまり、革新への好奇心と情熱を強く感じながらも、業界の現在の限界を鋭く意識することである。

AI記者さんと比べて悲観的なのは、同僚たちだ。報道部の人間たちは、こと技術革新の分野になると機敏さ〔アジリティ〕がなくなってしまっている。

AI記者さんは、そうした不信感が報道機関に広がっていることを理解している

図0.3／報道機関は先端技術を試すためにスタートアップ企業や大学など外部機関と連携できる

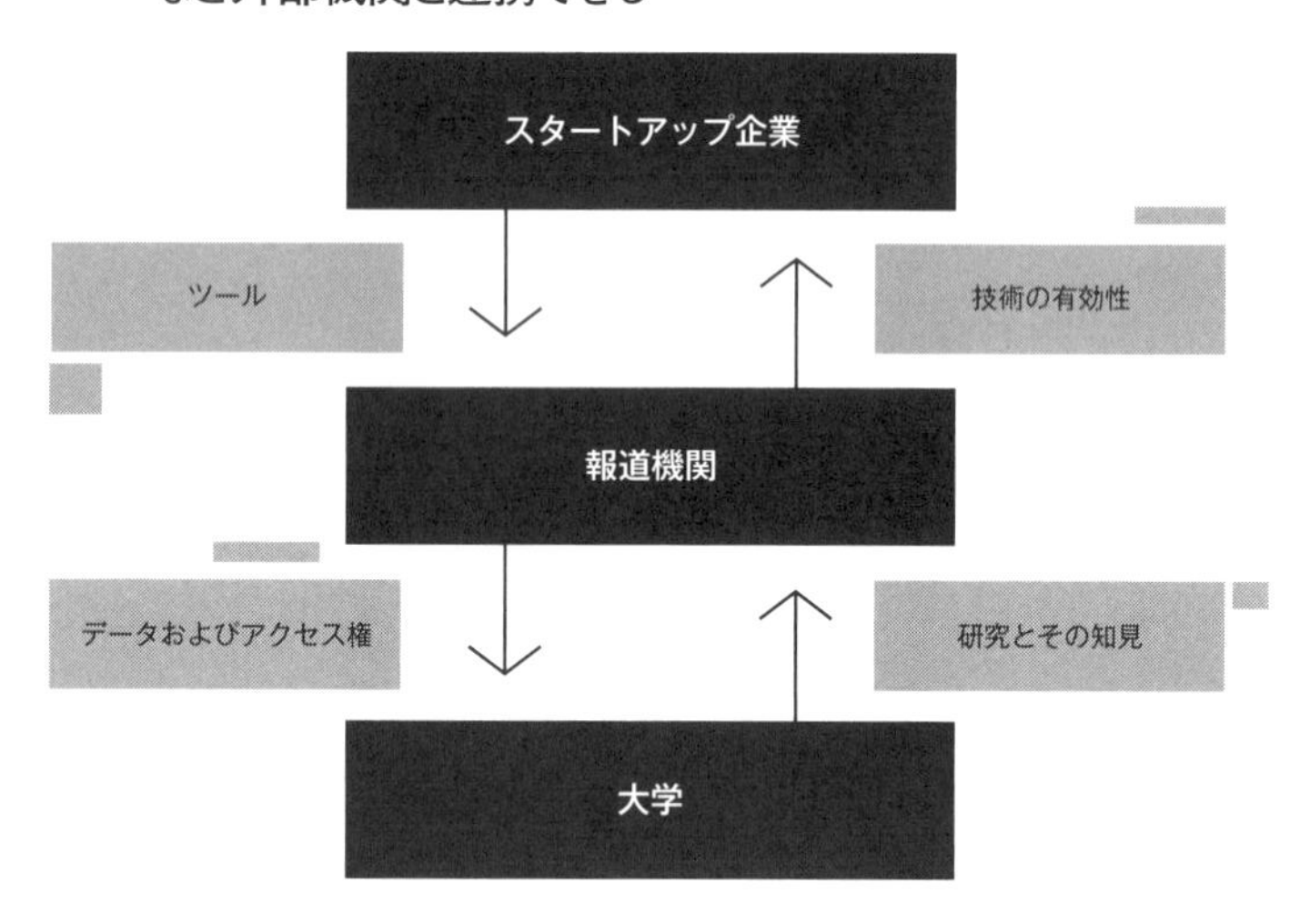

一方で、現在のメディア業界で生き残っていくためにはシリコンバレーを真似する必要がないことも分かっている。スタートアップ産業に対するコンプレックスもあって、メディア界の重鎮たちは、規模が小さくて成長率が高い組織を真似ることが会社を生き残らせる唯一の道だと思い込んでいるようである。しかしながら、その認識は正しくない。重要なのは、組織が既存の生態系のなかでより機敏になる方法を探し出すことである。目標とすべきは「昨日より機敏に」なることだ。

ＡＩ記者さんが働いているような大

手報道機関は、未来を念頭においた新たな成長機会を探すことなしに、既存のブランド力、歴史、評判に頼りすぎる傾向がある。ＡＩ記者さんたちがこの組織的惰性を打ち破る方法のひとつとしては、組織にとって新鮮なアイデアをもたらす研究者やスタートアップの創業者と出会うことである。新興企業にとっては、大手報道機関が技術を試したり研究内容を実施したりしてくれることは願ったり叶ったりであり、これにより重大な金銭的やりとりが生まれることよりも、知識を共有することにより互恵的な連携関係になれることの方が大きいのだ。

こういった連携から生まれてくるアイデアや成果物には使い物にならないものもあるが、最終的には、報道機関という壁を乗り越えて問題を解決しようとするため、ジャーナリストに成果をもたらすものは大きいのである。この連携プロジェクトにおいては、上澄みの部分だけが重要なのではない。というのは、外部の視点を得ることにより、ＩＴ企業、研究所、報道機関が連携することができて、新たな仕事が生まれるためである。例えば、ＰＡ通信は報道機関のパートナーシップ専門の役職、つまり、大学やスタートアップ他のメディア機関との連携の機会を探る役割を担っている。[15]

ニュースや情報へのアクセスはどう変わったか

ＡＩ記者さんとその同僚が働くジャーナリズムの世界においては、ここ数十年でニュースにおける読者・視聴者との関係が劇的に変わってしまった。

視聴者の契約がものをいう伝統的なプラットフォームであるラジオやテレビでは、[※1]視聴のためには特定の時間と場所にいる必要があるが、それとは異なり、インターネットはオンデマンドという視聴者にとっての体験を可能にした。しかも、それはいつの時間でも放送されているのである。メディア企業が読者・視聴者に対してコンテンツを提供してきたテレビ、新聞、ラジオというプラットフォームは、急速にまったく異なるかたちに進化しようとしている。

これは、ＡＩ記者さんの組織にとってはどういう意味をもつのだろうか。また、読者・視聴者にとっての意味はどうだろうか。

ニュースが過剰に供給されてきたなかで、メディア業界の人々が実感しているのは、様々な読者・視聴者のニーズを満たすためにより多くのコンテンツを制作するだけでなく、独自の記事の視点と媒体をもつことにより、他のコンテンツとの差別化を図らなければならないということだ。

読者・視聴者に対して一方的に情報を伝えることの意味を、AI記者さんは自身や同僚にもっと問いかけていかなくてはならない。デジタルの文脈において、単に書き方のスタイルや内容の斬新さという話ではなく、これはコンテンツが新たなプラットフォームを通じてどのように配信されてどのように読者に届けられるかという問題なのだ。

この熾烈な競争環境というものは、ニュースの消費者が自分の周りの世界をどのように捉えているかをはっきりさせている。オンラインにおけるニュース配信の民主化とソーシャルメディア上の配信の拡大によって、ニュースの情報源やプラットフォームを、消費者はすぐに別のものに切りかえることができる。このため、報道機関はニュースの特定の話題や領域で、定番の情報源[※2]となろうとして激しい競争が繰り広げられているのだ。そして、この目的のためにトレンドを予想し、人気の話題に絞り込もうとするところも出てきている[16]。

しかし、この報道業界の競争者が多く、さらに、特定のニュースを皆が追いかける場合でも、AI記者さんと同僚たちは、他で扱われていないニュースを出すことで、定番の情報源になることができるかもしれない。

これは人気を獲得するということと、ジャーナリズムにおいて避けがたいことのどちらかを選択するかという問題であると、AI記者さんは感じている。

報道機関において、この種のジレンマはあまりにもありふれているのだ。競争に勝つために、本流から外れた話題や過激な話題を記事に書きたいというモチベーションが生まれるものの、どちらも健全な世論を育む点において実りあることではない。パーソナライズのためのアルゴリズムが個人の好みに合わせてコンテンツを変えることで、この難しい問題がさらに悪化してしまったという事例もある。普段目にしているような記事ばかりが表示され、多様な視点で書かれた記事を目にすることがなくなることで、メディアは一方向的な存在になってしまい、最終的には読者にとっての固定観念の強化につながってしまう恐れがある。

スマートマシンの時代、ジャーナリストは複雑な情報の世界という海を読者・視聴者が泳ぐ手助けをするという重要な役割がある。人間がニュースについての判断をすることで、読者は公共の関心事について常に情報を得ることができるようになるのだ。

ＡＩ記者さんにとっては、持続可能なジャーナリズムのモデルを構築することが非常に重要となる。それは、テクノロジーの変化に追いつきながらも、編集という価値観にも忠実であり続け、社会においての参照点となるようなモデルである。

※１　アメリカやヨーロッパ諸国では、お金を払いテレビを見ることが一般的である。
※２　原文では、a go-to source となっており、そのニュースを知りたいときにまず見る情報源くらいの意味合い。

正しいモデルを見つける

報道にとって持続可能なモデルを作ることは、市場が広告収入を求めて報道機関から巨大ＩＴプラットフォームに移行していくにつれ、ますます重要になってきている。

２０１８年の「ｅマーケター」リポートによれば、フェイスブック、グーグル、アマゾンはアメリカのデジタル市場における広告収入の62％を占めていて、（それらの全体の構造に比べると）コンテンツに大きなコストをかけずに、大規模な顧客を抱えているのだ。[17] 同時に、アップルなどのＩＴ企業は、急速に有料コンテンツの旗手となりつつある。アップルニュースプラス（Apple News+）は、ウォール・ストリート・ジャーナルやロサンゼルス・タイムズのような新聞社にサブスクリプション・サービスを提供している。

歴史的に異なる文化やビジネスモデルをもつ2つの世界が、ジャーナリズムとテクノロジーである。この共生関係により、緊張とチャンスの両方が生まれる。ミズーリ大学ジャーナリズムスクールのケビン・ドリュー（Kevin Drew）とリアン・トーマス（Ryan Thomas）によれば、報道部門とビジネス部門を分けることは、ジャーナリズムの誠実さを守るために非常に大事なものであるにもかかわらず、DXによって金銭的課題が加速し、この2つの部門の統合が進んできているという[18]。

報道機関はスタートアップのように振る舞い始めていて、ジャーナリストは記事を書く以外に能力を広げてきている。データを活用して、成果物を出し、ビジネスサイドのことを学習し、コンテンツ配信と読者・視聴者獲得のために新たなプラットフォームを探し始めているのだ。ジャーナコーダーズ（Journocoders）や、ハック／ハッカーズ※（Hacks/Hackers）などでジャーナリズムの技術的リテラシーを組織が推進し、国立コンピュータアシスト報道研究所（the National Institute for

図0.4／過剰供給で非常に競争的なメディアの世界では、報道機関はリーチ、ボリューム、差別化のバランスを取らねばならない

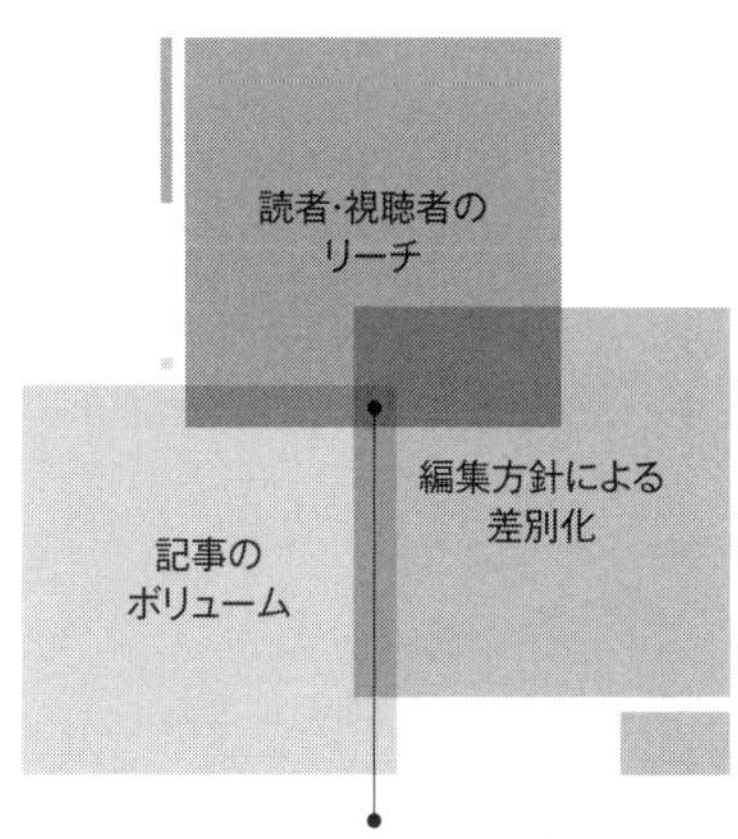

Computer-Assisted Reporting）などによって主催されるデータジャーナリズムの総会が、業界で人気を集めていたとしてもさほど驚きはない。

それでもやはり報道機関は、読者・視聴者にリーチし、多くのニュース記事を出して、編集方針により差別化を図ることが必要なのだ。報道業界のこうした伝統的な考え方は重要であり続けてきた。しかしながら、今や報道機関にとっても、デジタルの世界で収益を上げるコンテンツと新たなビジネスモデルを生み出すための効率的な方法がますます必要になってきている。

これらの目的を達成するために、報道機関にとって人工知能が重要な役割を果たす

ということを、今後の章で議論することにする。

今こそ、報道機関はＡＩのような新しいテクノロジーを活用しなければならない。ＡＩを使うことで、コンテンツは多様性を増し、仕事は効率化され、プラットフォームを越えてニュースを配信できるようになる。最も重要なことを言いたい。今こそ、新たな変化のアプローチを受け入れるときである。そして、それは、イテレーティブな方法により行われる。

※　どちらも、デジタルジャーナリズム関係の集まり。

1 問題――移行期にあるジャーナリズムモデル

少し前まで、これから述べる話は夢物語でしかなかった。だが、ＡＩの進化のおかげで、こういったことは数年で起こり得ることだと、誰もが想像するようになったのである。

近未来はこのようになるだろう。ＡＩ記者さんが朝起きると、家のスマートデバイスがすべてのことを行ってくれる。ＡＩ記者さんがベッドから出て数歩歩いたところで、購読する新聞のダイジェスト版が音声で流れてくる。記事の全文を読み上げても、起きたばかりの頭ではついていけないとスマートデバイスは分かっているのだ。

その一方で、ＡＩ記者さんが住むスマートハウスはその日の準備を始めている。アルゴリズムを搭載したコーヒーメーカーが、本人の好みの味にパーソナライズされた一杯を淹れてくれる。スマホの画面にはカレンダーの予定が表示されるし、家を出る前に重要な最新ニュースを教えてくれる。

AI記者さんは、家を出て自動運転車に飛び乗った。仕事場までは、ポッドキャストがアルゴリズムにより好みの曲を選んでくれる。

職場まで数キロのところで、大気の清浄度が通常より10%下がっていると車のセンサーが検知した。AI記者さんはこれを変だと思った。会社まであと少しというところで、ソーシャルメディアを監視するアルゴリズムが、この地域での大気汚染に関するネットのつぶやきと、喘息（ぜんそく）の発作に苦しむ子どもが増えているという情報を見つけてきた。

会社に着くと、AI記者さんはAIを使ったソフトウェアを立ち上げ、お目当てのデータにアクセスした。ドローンのネットワークが大気の清浄度を測定し、航空写真を撮影している。そして、次のような情報が自動で表示された。

過去10日間、繊維工場から8キロ以内では視界が悪く、大気汚染が発生している可能性が高いです。

このとき、AI記者さんはAIソフトウェアを使って、歴史に関するデータベースとの相関関係を調べていた。このソフトウェアは、AI記者さんが聞いていないことまで探し出してくれる。これにより国立環境健康科学研究所の分析がヒットし、この地域の汚染率がこれまでの傾向と比較しても異常に高いことが分かった。同時に、別のAIがソーシャルメディア上で交わされている子どもの体調を心配する親たちが交わす会話のクラスターを見つけてきた。AIシステムは、すぐにこれらの議論の傾向に関するまとめを作成した。

AI記者さんは現地でインタビューを行って、これらの報告を検証することにした。以前に取材したことのある人は情報源になるし、AIも取材源を探してきて記者さんに提案するという仕組みである。AIが見つけてきたのは、繊維工場の経営者だった。

その後、AIが自動でインタビューの音源を書き起こすことで、記者の手作業で行う時間が節約される。AI記者さんは、取材で得た情報を正しく理解できているかを確かめたいと思い、ＡＩに、自分が書いた記事の文章としての一貫性を評価してもらった。すると、完全に整合性が取れているという結果が出た。

量的にも質的にもデータを集めることで、記事を出す準備がほぼ整った。ここでさらに別のＡＩでデータを使いながら、この場所における過去の大気汚染に関するニュース記事を要約することで、第一稿を自動生成した。ＡＩのプログラムが記者のために記事の文章を吐き出してくれるので、記者はそれをチェックして少し手直しするだけだ。最後に、この手の自動記事がどう作られているかを熟知する編集責任者によるチェックを受けた、様々なプラットフォームを通じて世に送り出される。見出しは「フェアビューの親たちが心配する大気汚染による健康被害」になった。

この第一報はかなりの好評を得て、読者からもっと情報が欲しいという反響をもらった。ＡＩが記事のコメントを解析することで、工場経営者が怠慢だったかどうかについて、かなりの数の人たちが議論していることが明らかになった。これにより、自身が書いたものが良い視点の記事だったと、ＡＩ記者さんは実感することができた。

リアルタイムで読者・視聴者から反応を得ることにより、ジャーナリズムの新たなモデルは最も効果的なものとなる。しかし、これは、より読者参加型（engaged）でダイナミックな記事の制作方法に、記者が自分のワークフローを合わせなければならないことを意味する。このシナリオを実行しＡＩを使うことで、的確な推察が可能になるというだけではない。最も重要なことは、多大なリソースを使ってジャーナリズムに関する調査を詳細に行わなくても、掲載した記事が読者の興味にかなっているかどうかを試すことができるようになるということである。これをイテレーティブ・ジャーナリズムと呼ぶ。

機械自体は、ジャーナリストの重要な代替とはならないだろう。しかし、機械といういわば燃料によって、記者はストーリーを深く掘り下げ、読者との積極的な交流を行うことができるようになる。ここへの移行は容易ではないだろうが、ジャーナリスト個人としての貢献は、このプロセスにとって大変重要なこととなる。

さあ、ＡＩ記者さんの新たな世界へようこそ。[1] ここは人間と機械が連携する世界であり、コンテンツそのものとは違ったかたちで、データは原料として活用される。データは、センサーから集められ、ニュースのアーカイブから発掘され、アルゴリズムで解析されて新たな知見が生み出されることとなる。

この世界では、オープンソースで情報収集が行われ、ニュースの消費者が行うフィードバックを不可欠なプロセスとして扱う。そして、新たなかたちで情報を広めることで、よりクリエイティブになる自由を謳歌する世界である。その新しく生まれた自由を生かせるかどうかが、また問題なのである。

1・1 古いジャーナリズムのモデル

これまでの歴史において、ジャーナリズムは直線的に展開してきた。記者は時間と労力をかけてリサーチやデータ分析を行い、ストーリーを考え、情報源を開拓してインタビューを行い、それらすべての情報を原稿にまとめて、編集者とともに単発の（しかも限られた配信プラットフォーム用の）記事を仕上げる。それから、かなりあとになって、紙面が印刷される。読者は印刷されたものを読んではじめて、そのジャーナリズムの一端に触れることになる。

図1.1／伝統的なジャーナリズムのモデルは直線的で、融通がきかず、構造が決まっている

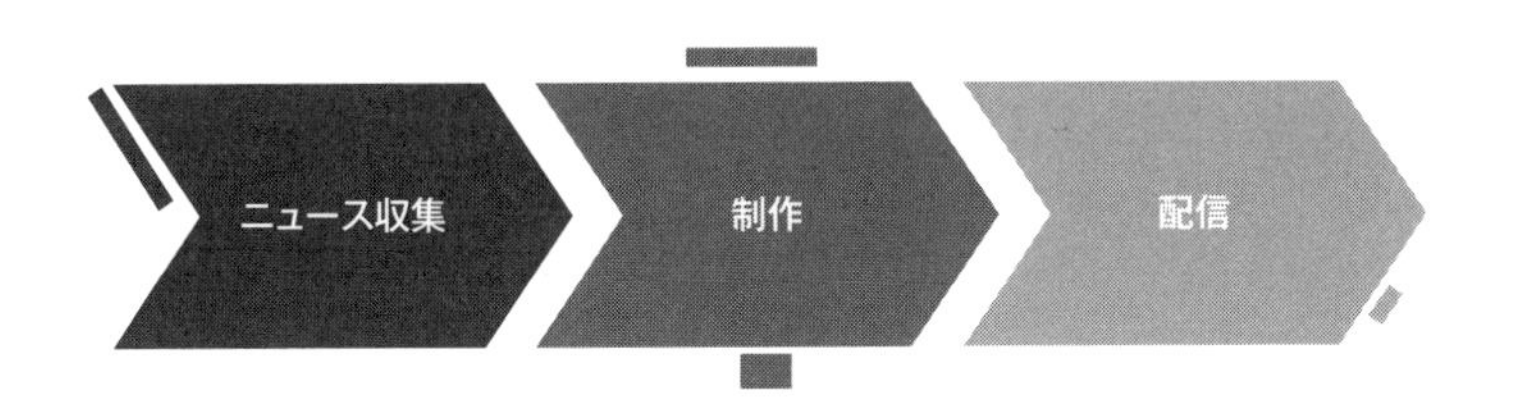

ＡＩ記者さんにとって、記事制作のプロセスが手続きとして非効率であるということだけが問題なのではない。

これまではずっと、書きかけで未完成の記事に対しては、読者の反応を得ることができなかった。利用可能なデータの表面を引っかいただけで、その中の複雑な相関関係を探すことは、厳しい締め切りに追われる担当者にできる芸当ではなかった。

現代のメディア消費における文脈において、この伝統的なモデルの限界は嫌になるほど明らかになっている。厳格な決まりのなかで、ジャーナリストは記事が世に出るまで新しいアイデアを思いつく機会はまったく存在せず、新しい視点を見出すことが

できなかった。

ここで、この伝統的なモデルにおいてＡＩ記者さんの核となる活動を３つの過程に分けてみよう。まず情報を収集し、それから情報を記事として商品化し、最後に紙やオンラインで新聞記事として配信する。実は、それぞれのプロセスにおいてＡＩの恩恵を受けることができるのだ。

ニュース収集は人手で行われていたので遅くて制限のあるものだった

リサーチ後に記事を書くという伝統的なモデルでは、ＡＩ記者さんは自社のアーカイブや、公に利用できるデータに加え、役人、コミュニティ・リーダー、産業連合の長など長年頼りにしてきた信頼のおける情報源を利用することができる。

ＡＩ記者さんは、それら情報源のリストを持っていてそれが頼みの綱となっている。文字どおり、この流れから離れられないのである。これらＡＩ記者さんのネットワークは広範囲に及ぶとはいえ、多くの場合、そのネットワークの大きさや多様性は十分ではない。

直接会うか電話やメールでインタビューを行い、ノートパソコンでメモを取り、自分で録音を書き起こして、ワープロを使って記事の草稿を作る。以前に書かれた記事はないか、何千ものデータや州の環境機関が出している工場汚染の報告書を探る。これだけで何時間もかかる。電話の録音を書き起こしているとき、こんなことをするためにジャーナリズムの学位を取ったわけではないのにと、ときどき思ったりもする。

ニュース収集における全プロセスが遅く、人手で行われていて、編集スタッフによって培われた組織的な知に大きく依存している。組織的な知それ自体は、後戻りできない点を通り越して組織化されないかぎり、悪いものではない。それは、本当であればもっと効率化できるかもしれない技術や外部のデータ、読者の反応を、単に時間に追われているという理由で押し殺してしまうという点である。これはひとえに報道機関の構造的な非効率性のせいなのだ。

ＡＩなどの先端技術を仕事に取り入れるにあたり、まずＡＩ記者さんは、伝統的な手法でデータ収集を厳格に行った場合についてのリスクを計算してみることにした。もっとデータがあれば、記事にさらに付加価値のある文脈を加えることができると分かっているものの、時間が限られている。ウェブサイトの読者のコメントを読めば（読むに値しないものも、あるにはあるが）、読者にとって重要である別の視点から調べられることも分かっている。

もし、リアルタイムで視聴者の反応が分かり、高度なＡＩのソフトウェアが数年前に利用できていたとすれば、記事はどのように変わっていただろうか。

リサーチと執筆に2カ月かかった大学キャンパスの安全性に関する記事では、州中の大学で増える不満の声をリアルタイムで更新できていれば、その恩恵にあずかれただろう。公開されているデータベースや文書をスクレイピング[※1]する新たなツールを使っていれば、これらの安全性に関する事件が学校にどう影響しているのかについての情報を常に取り入れることもできただろう。

このデータは、ツイッター、フェイスブックなどオンライン討議の場における会話の移り変わりを監視するアルゴリズムをもつソーシャルリスニングツールや、大学から出される公的な報告書から採られたものである。

同時に、このセンシティブなデータがＡＩ記者さんのチェックなしに直接、世に

図1.2／人間と機械の協働、人間の組織と計算機の知能の組み合わせ

＋

出されることがあってはならない。これがＡＩだけで豊かな報道ができない理由だ。これからはジャーナリズム組織と機械の知能とを組み合わせることで豊かな報道が可能になるのである。

報道機関の未来は、人間とテクノロジーという資本にどれだけ投資できるかどうかで決まる。２０１８年にロイターのジャーナリズム研究所の調査によると、アンケート回答者の78％がＡＩへの投資が必要だと考えているが、その一方で85％が、報道機関が将来の課題に取り組むうえで重要になるのは人間のジャーナリストであると回答している。(2)

人間と機械の新たな連携モデルでは、記

事の作り方はダイナミックなものとなっていく。ＡＩ記者さんの大学キャンパスの安全性に関する記事では、報告される事件の数が増加するにつれ、より切迫した内容に自動で更新されて届けられる。ＡＩによって一度書かれた記事も、新たなデータの文脈に沿って書き換えられるのだ。もっとも、編集責任者の監督のもとで行われることになる。

伝統的なモデルのもとでは、ＡＩ記者さんも同僚も皆、記事へのアプローチは似たような方法で行っていた。データを洗い出して異常値を見つけ、それらの異常値とインタビューをかけ合わせるというものだが、ここで見失っていることがある。それは、データが異常であるとか情報源と矛盾するといったような見方が、常に意味があるものではないということだ。そして、おそらく、この対偶もまた真である。つまり、あるデータが異常ではないからといって、重要ではないことを意味するわけではない。そこで、機械がＡＩ記者さんを手助けするのだ。

２０１７年、スパイ機を調査するため、バズフィードは機械学習モデルを訓練して、国土安全保障省とＦＢＩの飛行機のフライトパターンと類似するものを探し出すことにした。[3] ２万の飛行機のデータから学習することで、システムが飛行スピード、高度、時間などの属性をもとに探し求めたのだ。アルゴリズムで新たな偵察機を正確に見つけ出すことができたものの、不正確な結果も出てきてしまった。スカイダイビングのために使用された飛行機が、狭いエリアを一定の時間飛んでいたが、フライトパターンが似ているという理由により、AIがスパイ機であると判定したのだ。機械が犯すミスを人間の監視によって捉えられることもある。

先ほど述べたように、データ分析、ストーリーソーシング[※2]、機械による読者・視聴者の分析といった新たな手法を活用することにより、報道機関は、新たな話題を扱い、より豊富な文脈を記事に加えることができ、読者・視聴者に対しては透明性を確保し、彼らとの対話の道筋を開くことができるようになる。

例えば、フィナンシャル・タイムズはAIを使い「彼女が言った／彼が言った(She Said He Said)」というボットを学習させて、記事で触れられた人が男性か女性かを自動的に追跡できるようにした[(4)]。代名詞やファーストネームをテキスト分析するアルゴリズムによって、その人の性別が分かるというシステムである。記者が記事を書くと、ボットは記事で触れられた人のジェンダー割合が偏っていた場合に警告を出す。それ以前のジャネットボットというプロジェクトでは、コンピュータビジョン[※3]の知見を使うことで、自社のホームページの画像が男性か女性かを特定した[5]。フィナンシャル・タイムズによれば、これを作った動機は「女性から引用される記事と、女性の読者がより高い割合で関わってくれることに、正の相関があるかどうかを研究するため」だそうだ。

これまで見てきたように、外部のデータや読者・視聴者の反応を活用しないと決めることは、報道機関にとって不利益を生む。エコーチャンバー[※4]を作り出してしまい、新たな話題や視点を発掘したり、読者・視聴者の多様性を確保する機会を逃してしまう危険性があるのだ。

※1　プログラミングでウェブから自動でデータを取得すること。
※2　一般人が書いた記事など、ネット上の資源を記事の内容に活用すること。
※3　コンピュータがデジタルな画像や動画をどれくらい理解できるかを問う研究分野。
※4　声が反響するように、ネット上で自分の思想信条に合ったものばかりを見てしまうこと。

伝統的な過程は、ひとつの尺度をすべてに当てはめる解決策だ

先ほどの大学のキャンパスの安全性に関する記事では、ＡＩ記者さんは、ひとつ

図1.3／伝統的な書き方は「ひとつの尺度をすべてに当てはめる」ジャーナリズムのアプローチに頼っていて、異なる読者も同じ内容の記事を読むことになる

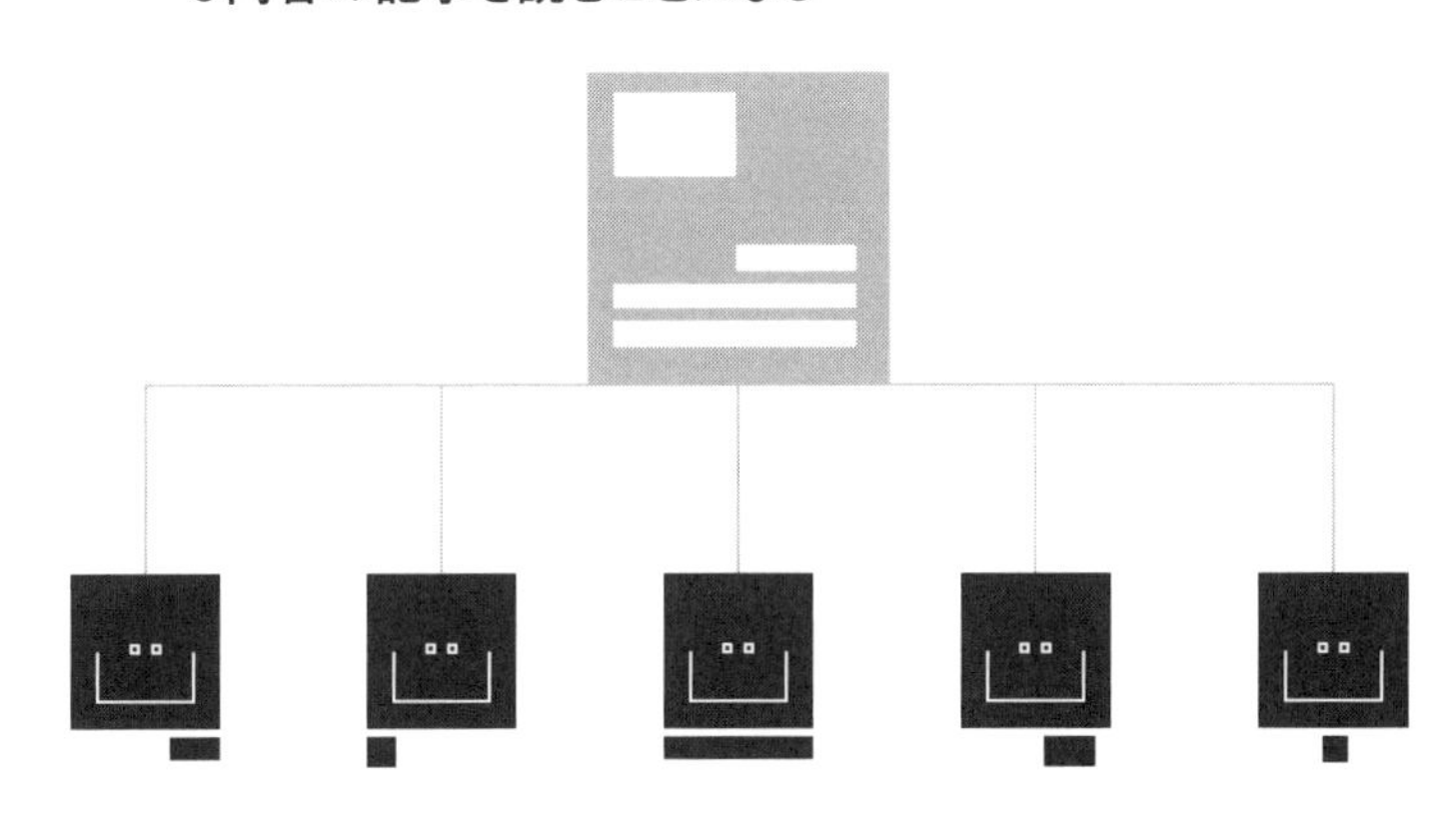

の視点から特定の読者を想定して書く、つまり、いつもと同じぼんやりとした読者像に向かって書く時間しかなかった。多くのジャーナリストが何年も行ってきたように、AI記者さんも、読者が実際にどんな人かをきちんと知っているわけでもないのに、想像上の読者像に向けて書くように訓練されてきたのだ。

例えば、「フェアビューの大学で起きた数々の事件により長官が辞任」というような記事では、20歳くらいのフェアビュー大学に通う女の子が出てくるというのがお決まりのパターンとなっている。それは、高校生の子どもを大学に受験させたい隣町フランクリンに住む中年の父親のような読者

を想定しているためだ。記事の内容はひとつの尺度をすべてに当てはめること（ワンサイズ・フィットオール）になる。なぜそうなってしまうのか。AI記者さんはできる限り多くの人に向けて記事を書きたいと思っていても、5つのバージョンの記事を書いたり、5つの異なる読者層やプラットフォーム向けに記事を直したりするのは無理があるからだ。書き分けるために必要な時間も資源もないのである。

伝統的なモデルにおいては、ひとつの尺度をすべてのものに当てはめることが有効とされた。ジャーナリストが時間を消費して生む成果物は記事に加え、映像や写真まで数多く存在し、すべてスマートテクノロジーがなくても生み出すことができるのが特徴である。このモデルにおいては、人間による情報のインプットが強力な原動力となる。

しかし、このようなアプローチは、現在のメディア状況には合っていない。コンテンツの過剰供給と技術の過少供給のなかで、会社は異なる価値観を尊重しなければならないためだ。古いメディアのモデルは、かつてはそれで十分であったかもしれないが、情報源に対する人々の期待と選択肢が広がりつつある今となっては、時代遅れの方法である。人間のジャーナリストだけでは、パーソナライズ[※]の需要が増え続けていることに対して対応することはできない。

編集者のチェックを受けたのちに、大学のキャンパスの安全性に関するAI記者さんの記事は世に送り出された。伝統的なモデルでは、その流通は、週刊誌やウェブサイト、スマホアプリ、あるいはソーシャルメディア上であったとしても、ホームページへの訪問を許すために張られたリンクなどといった、報道機関が完全に管理する配信チャンネルに限定される。

情報を集め、特定用途の記事を制作し、最終的な製品として配信する。こうしてみると、ジャーナリズムの伝統的なモデルがいかに直線的なものであるかが理解できるだろう。しかし、新たなテクノロジーが社会の血液になると、それらが報道機関の働きを加速させ、新たなジャーナリズムのモデルケースとなる可能性が出てくる。

※　個人向けにカスタマイズすること。

1・2 新しいジャーナリズムのモデル

さて、現在（というか近未来だが）に話を戻そう。記事制作の行く末を想像するために必要となる道具を、ＡＩ記者さんはついに手に入れた。

ＡＩを活用したツールが使えるようになることで、ジャーナリズムにおいて新たな動きが生まれ、記事の「収集、制作、配信」というそれまでの直線的な連続性からは袂を分かつことになる。先端技術によって、それぞれのステップをバラバラにしつつ、記事を再び強化することにつながるからだ。

ニュース収集を、報道部外でも具現化させる

最近、ジャーナリズム改革に焦点を定めた業界内の会議において、ＡＩ記者さんはジャーナリストが情報源を探し、他の誰かが作った記事の内容を検証するための新しい方法論の数々を学んだ。これは話題、形式、場所に関係なく通用するもので

図1.4／現代のジャーナリズムにおけるワークフローは、AIによりそれぞれの過程が強化され、ダイナミックなものとなる

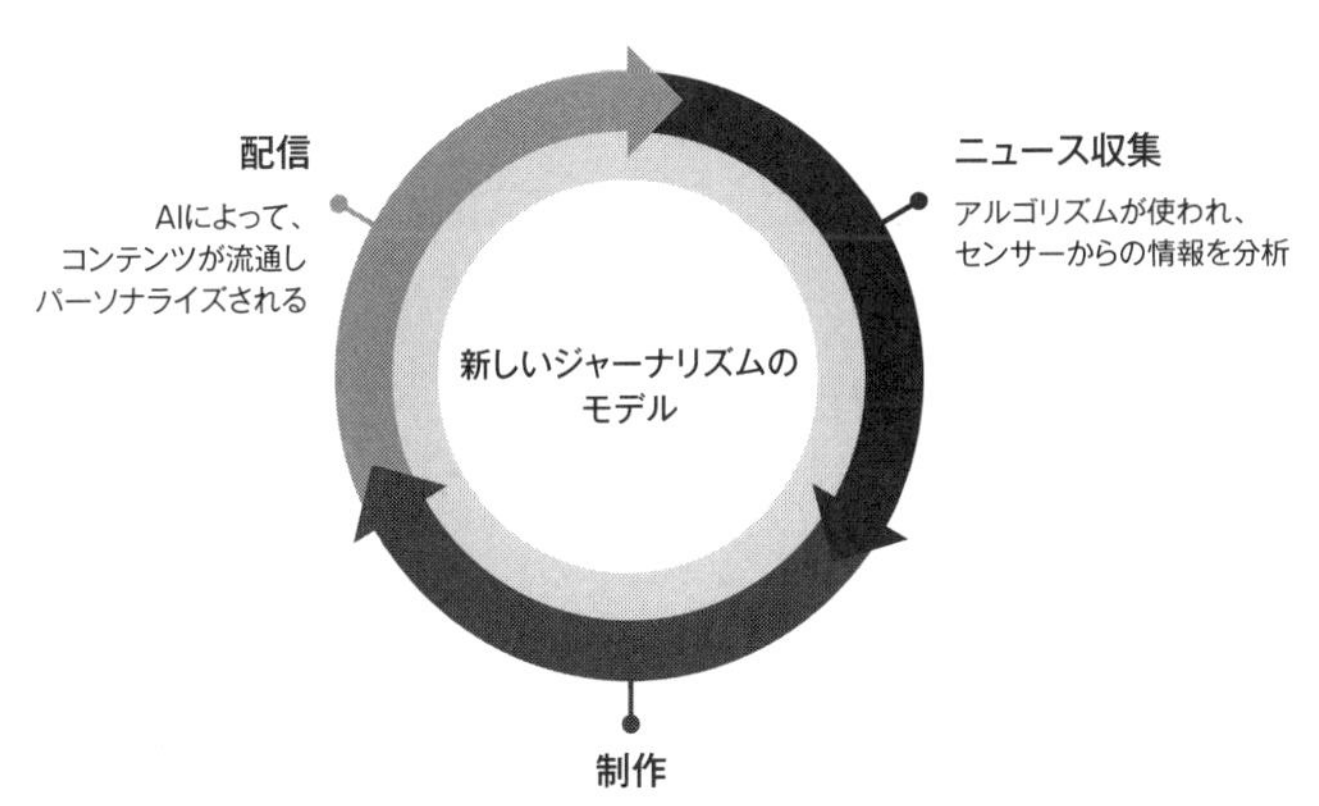

ある。

ＡＩ記者さんが特に感銘を受けたのは、ユーザーが生み出したコンテンツやドローンの撮影素材、センサーデータという、記者がアクセスできないような領域からも知識が供給される点である。人工知能に対する知識をもっていなくても、これらの新しいコンテンツの情報源を仕事に生かせるかもしれないと、ＡＩ記者さんはやる気に満ち溢れた。記者にとって、情報源というのは競合するものではなく、補完的なものだからである。

長期的な視点で考えたときに、ＡＩ記者さんが思い出したのは、１９３０年代半ばにニュース収集において重要な役割を果た

した電話の例だった。[6] 電話の登場により、記者は取材源に対してより素早く連絡が取れるようになり、以前よりも行動範囲はかなり広がった。このようなことは、今日の人工知能についても同じことがいえるだろう。人工知能は、まさに記者用のスイス・アーミーナイフに入れておくべき新たな道具なのである。

例えば、ロイターは、ＡＩを活用した「ニュース・トレーサー」というプラットフォームを用いることで、ソーシャルメディア上に出現した新たな話題がニュースに値するか、信頼に足るかを探れるようになった。このようなプラットフォームのおかげで、記者は日々の出来事を監視し、重要な話をより素早く見つけられるようになった。このツールは特にニュース速報で重要性を増している。２０１５年には、ロイターは、ソーシャルメディア上の文書から、カリフォルニアのサンバーナーディーノ（San Bernardino）で起こった銃撃事件を他社に先がけて報じることができた。さらに次の年には、このニュース・トレーサーは、エクアドルの地震について他社が報じるよりも18分早くアラームを出すことができた。[7]

目撃情報はあらゆるところに存在する

ソーシャルメディアというプラットフォームの台頭により、テキスト、写真、ビデオを通じた目撃情報がニュース速報として提供されるエコシステムが築かれるようになった。例えば、それはテロリストの攻撃から、パレード、地元高校のフットボールチームの勝利まで大小に及ぶ。こういったことが、前例のない規模かつ前例のないスピードで起こっている。

ＡＩ記者さんはＡＩを使うことで、ソーシャルメディアなどの公開情報から投稿を探ることができ、今扱っている話題に対して新たな視点も得られるようになった。これにより、ジャーナリストは、すべてのデジタル空間で起きていることをひとつの巨大な構造化された情報として利用することができるのである。

例えば、スペインの新聞社エル・パイス（El País）は、データマイニングツールであるグラフェクスト（Graphext）を活用することで、数百のソーシャルメディアのアカウントを分析して、政治家とメディアの関係を図示した[8]。

ロイターと同様、公共放送であるラジオ・フランスはＩＴ企業のデータマイナー

（Datamir）と連携して、ソーシャルメディアにおける会話の外れ値を見つけるＡＩツールを活用している。これにより、このフランスの報道機関は、２０１６年のブリュッセルにおける爆破事件やニースでのテロリストによる攻撃をいち早く報じることができた。新たな一連の会話が見つけ出されることで、ソーシャルメディアが早期警告システムのように機能するのである。[9]このように早期発見型ＡＩにより、ジャーナリストはニュース速報のための計画を立て、それに対応する時間を捻出することができるのだ。

さて、ＡＩ記者さんは一般人がソーシャルメディアに投稿した最新情報を使って、人々のやりとりを測定できるようになった。ここには、先ほどのフェアビューの工場の問題に関する人々の感情なども含まれる。ＡＩは、ソーシャルメディアや公の記録、ニュースアーカイブやフォーラムなどの情報源をＡＩ記者さんがまばたきするよりも速く検査することができ、ジャーナリズムに新たな視点をもたらしてくれる。

これらのシステムのひとつを通して、ＡＩ記者さんに警戒情報が送られてきたが、そこにはこう書かれてあった。

東フェアビューの母親たちは、異常な頻度でオピオイド[※1]による死について話題にして、その数は先週より250%アップしています。

このタイプのAIツールは、オンライン上に投稿された最新情報に対して、人工統計学的もしくは心理統計学的に類似したプロフィールをもつ人たちをクラスタリング[※2]し、意味論（言語の背後にある意味）の分析を走らせることによって動いている。このアプローチの過程で、機械は使用された言葉のパターンを分析し、類似した内容をグループ化することができる。

この新たなアプローチによって、ソーシャルメディアを介して報道機関に市民の関心が直接寄せられることになった。このことで新たなニュースが生まれるだけでなく、ジャーナリストはいかなるときにも読者・視聴者の生活に影響する問題や出来事に反応することができる。

しかし、データのプライバシーに関する市民の関心が深くなるにつれ、ワッツアップ（WhatsApp）やシグナル（Signal）、ウィーチャット[※3]（WeChat）のような、よりプライベートで閉じられたＳＮＳが増加しているという現状がある。そして、それはジャーナリストによるこの種のソーシャルメディアの監視に影響をあたえることになるだろう。「デジタルニュースリポート２０１８」によれば、実際、ニュースでワッツアップを使う人が４年間で16％と倍増するなど、プライベートのメッセンジャーがニュースの情報源として成長していることが分かる。[10] ピュー研究所の調査によれば、18～29歳の若者の44％がスマホからフェイスブックのアプリを削除し、64％が過去１年でプライバシーの設定を調整したとされている。[11] これらの傾向が示唆するのは、特にニュースを議論する場所が、プライベートなメディアになっているという状況があり、それに対してネットを情報源とする報道は適応し続けなければならないということだ。

ＡＩ記者さんが使用する新たなＡＩツールには、あらゆるメディア（ソーシャルメディアを介したものや、ＲＳＳフィード[※4]、スクレイピングなどの情報源）を監視し、誰が何の話題を扱っていて、何が調べられていて、いつどこで起こっているかについて特定できるというものがある。

保守系メディアによる英国首相への言及は、週平均と比べて、今日は5％上昇しています。ニュース記事では、予算や医療制度改革に関するテーマが論じられています。

簡単にいえば、この文章は、AI記者さんや同僚に「ニュースについてのニュース」を伝えるものだ。AIのなかにおいて、様々なコンピュータプログラムが主要メディアを追跡しているが、一方で、その内容の分析も行っている。多くの記事のデータで訓練されたAIは、話題や感情、その他の役に立つ記事を読み解き、識別することができる。これらすべてをAI記者さんが行えば、読むのに何時間もかかるが、AIだと、それらを効率的な方法でソートし、示すことができる。

それにより、AI記者さんと同僚は、誰が何の話題を扱っているかについて分かるだけではない。ここが最も大事なことであるが、それがどのように扱われているかを知ることができる。それにより、自分たちの報道を差別化し、最強かつ独自の視点を得ることができ、できる限り多くの読者にリーチすることができるのである。

ここで書かれているテクノロジーは、SFの世界のものではない。ウォール・ストリート・ジャーナルは、3万3000以上の情報源をもつファクティバ（Factiva）というデータベースからニュースアーカイブを掘り出すことで、刻々と変化する規制や経済犯罪の状況を監視している。MIT市民メディアセンターが開発したヴォカティヴ（Vocativ）やファイブサーティエイト（FiveThirtyEight）などといった、新興の報道機関で使われているメディアクラウドと呼ばれるツールが存在する。これにより、2013~16年にエボラウイルス病が起こったとき、アメリカ合衆国での病気を扱った記事に対する人々のエンゲージメント[※5]が、病気が致命的な西アフリカでの病気を扱った記事よりも高かったということが分かっている。これが示すのは、エボラウイルス病の発生に関する言説に関心をもってもらわねばならないという、グローバルな保険機構も直面している課題である[12]。

ニュースの可能性があるあらゆるものに対して、あらゆる角度で調査できるほど報道部門に記者が余っているということは、今も昔もなかったし、一日の時間にも限りがあることはいうまでもない。伝統的なモデルでは、AI記者さんは同じニュースのサイクル（悪天候、政治的スキャンダル、倒産しそうな会社、地元の英雄……）

に陥りがちだった。しかし、機械学習ツールのおかげで、メディアの報道それ自体の姿を鏡に映し出すことができ、より多様なニュースの話題や情報を提供できるようになる。つまり、あらゆるデータ（ソーシャルメディアから公の記録、公式文書まで、そしてプレスリリースからニュースアーカイブまで）が、ますますジャーナリズムの使命として利用されるようになるのだ。

ＭＩＴメディアラボのソーシャルマシン研究所との連携で、ヴァイス・ニュース（VICE News）は、２０１６年の米大統領選への過程におけるツイッター上で行われた政治的分断を論証する記事を書いた[13]。ＭＩＴの研究者が一連の分類器（スマートフィルター）を作って、ツイッターのユーザーを政治的イデオロギーや場所によってカテゴリー分けした。ここで使用したのは、「教師あり学習」と呼ばれるタイプの人工知能だ。このアプローチによって、政治的分断におけるユーザー同士の関係の構造とダイナミクスを理解することができる。このようにヴァイス・ニュースは、トランプ支持者が「政治の話をするときに特に視野狭窄となるグループ」を形成したのに対し、クリントン擁護者はグループとしての結束力が弱かったという結果を示すことができた。つまり、データによって選挙の結果を予測することはできなかったが、ジャーナリストたちは、近年の歴史における重要な期間で、情報のフィルターバブル[※6]が大衆の言説の分極化にどうつながっていくかに関して、前例のない分析的な知見を得ることができた。

こういったデータの結果は複雑なものであり、どれほどシステムが高度になったとしても、機械が行ったことに対して、何が最善であるかを決め、結果を解釈する中心的な役割は、人間が果たさねばならない。アルゴリズムがデータセット間の因果関係をどう結ぶかを理解し、情報源がいつ価値あるものになるかを認識し、記事を積極的に展開するタイミングと手を引くタイミングについて見極めることは、ニュース業界で働く人たちの責任である。

※1　麻薬性鎮痛薬のこと。アメリカでは、オピオイドの過剰摂取が社会問題となっていて、死者も近年、急増している。
※2　データを類似度によってグループ化すること。機械学習の「教師なし学習」の手法のひとつ。
※3　海外で使われている、日本のＬＩＮＥのようなメッセージアプリ。ここではFacebookやInstagramのような公に情報を公開するタイプとは異なる、個人間でやりとりするタイプのＳＮＳであることを論点にしている。
※4　ウェブサイトの更新情報を配信するデータ形式。
※5　記事に対してどれくらい反応があったかを測る指標で、クリックやいいね！、シェアの数などから計算される。
※6　泡にくるまれるように、ネット上でユーザーが見たいものだけを見てしまう現象。

ニュース収集の新たなかたち

ＡＩ記者さんは、既存の人的資源だけを頼りにしているのではない。新たな技術を使うことで、どのように追加の情報を集められるかについては、今まさに検証しているところだ。たとえば、車のセンサーや動きを追跡するビーコン※のようなスマートデバイスを使うことで、記事の文脈を深めることができる。

Column

ＡＩを報道機関に導入する際に確認すべき項目

課題　　：どのような課題を解決したいか？
プロセス：この課題をより細かいステップに分けて書き換えるとどうなるか？
データ　：課題を解決するための正しいデータを持っているか？
リサーチ：データはどこから来たもので、今後どのように検証されるのか？
落とし穴：アルゴリズムが生み出す誤差としてどのようなものが予想されるか、

また、編集上の見落としをどう担保するか？

スマートセンサーは交通、天気、人口密度、電力消費のデータを提供することができる。こういったスマートセンサーを使うことで、AI記者さんは、エンターテインメントや政治的なイベントの振動と騒音をモニターし、コンサートで最も人気の歌手、最も盛り上がった競技の試合、政治集会に参加した人の反響が最も大きかった発言を特定できた。工事の振動をモニターすることで、近隣住民や会社に与える影響を見積もったり、新たな公共交通機関の駅の利用客数を追跡することで、利用状況を見極めたりすることもできるだろう。

南フロリダ・サン・センチネル（South Florida Sun Sentinel）は、GPSセンサーのデータを集めて警察官のスピードを調査して、2013年のピュリツァー賞公共部門を受賞した。[14] 公共放送のラジオ番組・レディオラボ（Radiolab）では、気温センサーを活用してセミの到来を予測しつつ、ニューヨーク市のハーレム周辺の熱ストレスを測定した。[15]

AIを活用したセンサーを使った実験を始めた報道機関もある。研究者のステファニー・ホー（Stephanie Ho）研究員は、ニューヨーク大学の「スタジオ20ジャーナリズムプログラム」との提携のなかでAP通信とともに、記者や写真家のための大規模な公共イベント向けセンサー搭載カメラのプロトタイプを開発した。[16]そのセンサーは、騒音などをきっかけに空間を監視し、それが一定の値に達したときに写真を撮り、記者にメールで送るというものだ。

こうした動きは、AI記者さんのようなジャーナリストをワクワクさせるにちがいない。しかし、それを自分たちの仕事を奪う恐ろしいものであるとみなす報道関係者も多い。伝統的なやり方で行われる調査は、こうしたテクノロジーの進化に置き換わらないと考える向きもある。実際には、報道機関がデータによりアクセスできるようになり、見識を広げることができるということになるにもかかわらずである。

同時に、大学からの協力やIT企業との連携により、AIの実験はより身近なものになってきている。こういったパートナーシップは、大学研究者を報道機関に受け入れたり、ジャーナリズム・スクールの特別コースを設けたりすることで可能になる。資金が不足している報道機関が費用対効果の高い方法でイノベーションを起こしたいときは、財団の助成金を探すのもいいだろう。例えば、シアトルタイムズは、ナイト財団の「AIとニュースのオープンチャレンジ」というコンペで資金を得て、機械学習の結果を用いて仕事と労働を評価するという報道目的のプロジェクトを生み出した[17]。

AI記者さんは、ある大学とパートナーシップを結んでAIシステムを活用し、4000万ドル（約58億円）のフェアビュー駅への投資が公共ファンドにとって有用かどうかを調査した。市の交通局長は、駅の平均利用者は1日あたり3000人であると主張することにより、プロジェクトが「成功」であると考えていた。しかしながら、駅を出入りする人数をモニターする高度なAI搭載センサーを用意し、コンピュータを配備して人などの画像の検知・解析を行ったところ、AI記者さんは、実際の利用者は1500人程度であり、公式発表の数字の半分であったことを突き止めたのだ。

これが判明したことで、AI記者さんはさらに調査を進めることができた。切符に関する売上額の記録を取り寄せて、駅員にインタビューを行うことにした。その結果が、「交通局長が乗客数の予想を水増し」という見出しの記事である。

この例では、ＡＩ記者さんがＡＩ技術を使うことで、公務員の説明責任を代わりに果たすことになった。

ニューヨークタイムズもこのような技術を活用していて、画像認識の威力だけでなく、その危険性も示している。[18] ニューヨーク市にあるブライアント公園を撮影した公開映像を使い、アマゾンの顔認識ソフト（商業的に利用可能）で分析したところ、カメラに捉えられた公園を歩く何千もの人々の顔を識別することができたのだ。その結果、この種の技術がもつより広い意味合いや、政府が利用するという潜在的可能性について問いを投げかける記事が完成した。驚くべきことに、このニューヨークタイムズのＡＩシステムによって当初追跡を受けたという人たちのインタビューまで、記事の中には登場している。

ＡＩ記者さんが使った類似のテクノロジーにより、報道部はより効率的な組織になった。貴重な労働時間がインタビューの書き起こしやデータの手入力として費やされる代わりに、記者の日常業務を、重要な電話やＡＩで推察された手がかりを追うといったことに集中することができるようになったのだ。つまり、記者は記者であるべきで、アシスタント兼記者であるべきではない。

ＡＩを使うことにより、ＡＩ記者さんは自分自身では気づくことができなかったデータの因果・相関関係を認識できるツール、さらにコンピュータの力を手に入れたことになる。しかし、ＡＩがそういった点を指摘してくれたとしても、データ間の関係を証明し、それらをひもとくのは記者自身の役目である。

Column

AIに導かれた結果を評価するために、ジャーナリストが行うべき健全性テスト

適合性：結果が妥当であり、データの当初における理解と整合するかどうかを確かめる。これは、ある特定の結果の大きさが適切であると確認することを意味する（例えば、何千もの人か、何百もの人か、など）。

再現性：編集責任者が結果を確認し、同じ結果を生み出せるかどうかを確かめる。ジャーナリストは使用したデータ、方法論、最終的な出力を手元に記録しておく必要がある。

検証：同僚に最終的な計算結果をチェックしてもらい、相互参照をする。記事で特定のアルゴリズムの結果がどのように得られたかを他のジャーナトに簡単に説明できるようにするために、全過程を文書で残すことが重要である。

ＡＩがフェアビュー駅を出入りするのは１５００人だけであったと検出したことはおそらく正しかったのであろうが、モーションセンサーと画像認識ソフトではベビーカーに乗った子どもを認識することができなかった。これが、ＡＩを活用したシステムに人間のチェックが欠かすことができず、ＡＩが人間の代わりにはならない理由である。

ＡＩ技術が普及していくと、人々は自分たちの生活を支配するテクノロジーの存在を理解し始め、説明可能性を声高に要求するようになった。アルゴリズムはしばしばブラックボックスになっていて、ユーザーは入力と出力だけしか見ることができないため、ジャーナリストはこれらの技術を説明し、試す役割を果たす必要がある。だからこそ、ＡＩが調査に使われたとしても、人間の記者がジャーナリズムのプロセスにおいて重要な役割を果たすのである。

※ ビーコンとは「のろし」の意味。Bluetoothなど無線で信号を発信する技術のことを指す。ここでは、端末から発信された信号を、受信機能をもつスマートフォンで受けるといったことを意味している。

ニュースを配信する：ひとつの伝達手段に縛られない報道機関

消費者はニュースに様々な視点をもっていて、様々なプラットフォームからニュースを見にきていることに、AI記者さんは気がついた。ピュー研究所の2018年の調査によれば、アメリカ人の成人の68％は、ソーシャルメディアのサイトからニュースを読んでいるという。[19] AI記者さんが属する報道機関は、今やこうした異なる消費者に合わせた複数の視点で記事を提供することが可能となっている。

さらに重要なのは、ジャーナリストはAIと連携することで、ニュースを静的なものでなく動的（ダイナミック）なものとして再構築することができることだ。歴史的には、ニュースというものは一方向的な関係性で決められていた。会社基準の期間と時間軸によって制作され、報道機関と単一のものであると想定された読者・

視聴者との間で関係が構築されてきたのだ。

近年におけるメディアの消費者は情報とその分析という点において、即効性のある価値を求める。もしひとつの場所で自分が求めているものがなく、そのコンテンツにわざわざ付き合わなくてもいいとなると、消費者は別のメディアに移っていってしまうだろう。事実上すべてのメディアがインターネットでつながっているとするならば、全員が同じ環境で競い合うひとつの統合された「注意喚起のアリーナ(attention arena)」が存在することになる。20年前はそれと異なり、それぞれのメディアはそれぞれの配信チャンネルをもっていた。テレビで番組を見て、ラジオで放送を聞き、新聞でニュースを読んでいたのだ。伝統的な報道機関は今、読者・視聴者やユーザーに注目してもらうために、他のジャーナリズム組織のみならず、すべての情報源と戦うことになっている。これが意味するのは、ゲームや本や映画など他のインターネット上のメディアとも競争できるコンテンツを提供するために、報道機関は自らを他社だけでなく、**他業界とも**差別化を図っていかなければならないということだ。

AI記者さんは、異なる階層の新しい読者を引きつけるような新しい話題や独自のプログラムをこれまで模索してきた。最近試したのはビデオの自動生成ツールであり、それを使って気候変動やマリファナ合法化、宇宙探索など若い読者が特に関心をもっていそうなニッチな話題に関するコンテンツの生成を行ってきた。

ＡＩの未来を思い描くとき、会社を差別化させるための戦略のひとつとして、現在は主要なニュースの発信源とはなっていない新興プラットフォームに進出するということが挙げられる。例えば、ワシントンポストはツイッチ（Twitch、ビデオゲームをストリーミングするために使われる人気のプラットフォーム）で「政治家とゲームをしよう」というシリーズを開始した。そのなかでユーザーはゲームをしながら、政治家がインタビューを受けている場面に参加することができる。[20] このようにビデオゲーム・ジャーナリズムは、記者がゲームデザイナーと協力することで、記者が取材した話や記者が体験した出来事を対話型のアプリケーションに変えることができるという新たな領域である。アメリカの公共メディアが始めた「予算ヒーロー（Budget Hero）」というユーザーに連邦の予算をやりくりさせるゲームは、情報とエンターテインメントを結合させるというメディアの新しい形式であり、革新的な報道の一例といえる。[21]

図1.5／報道機関は異なるプラットフォームに向けた複数のバージョンの記事を制作し配信できなければならない。ジャーナリストは、人工知能を使うことでこれらを大がかりに行うことができる

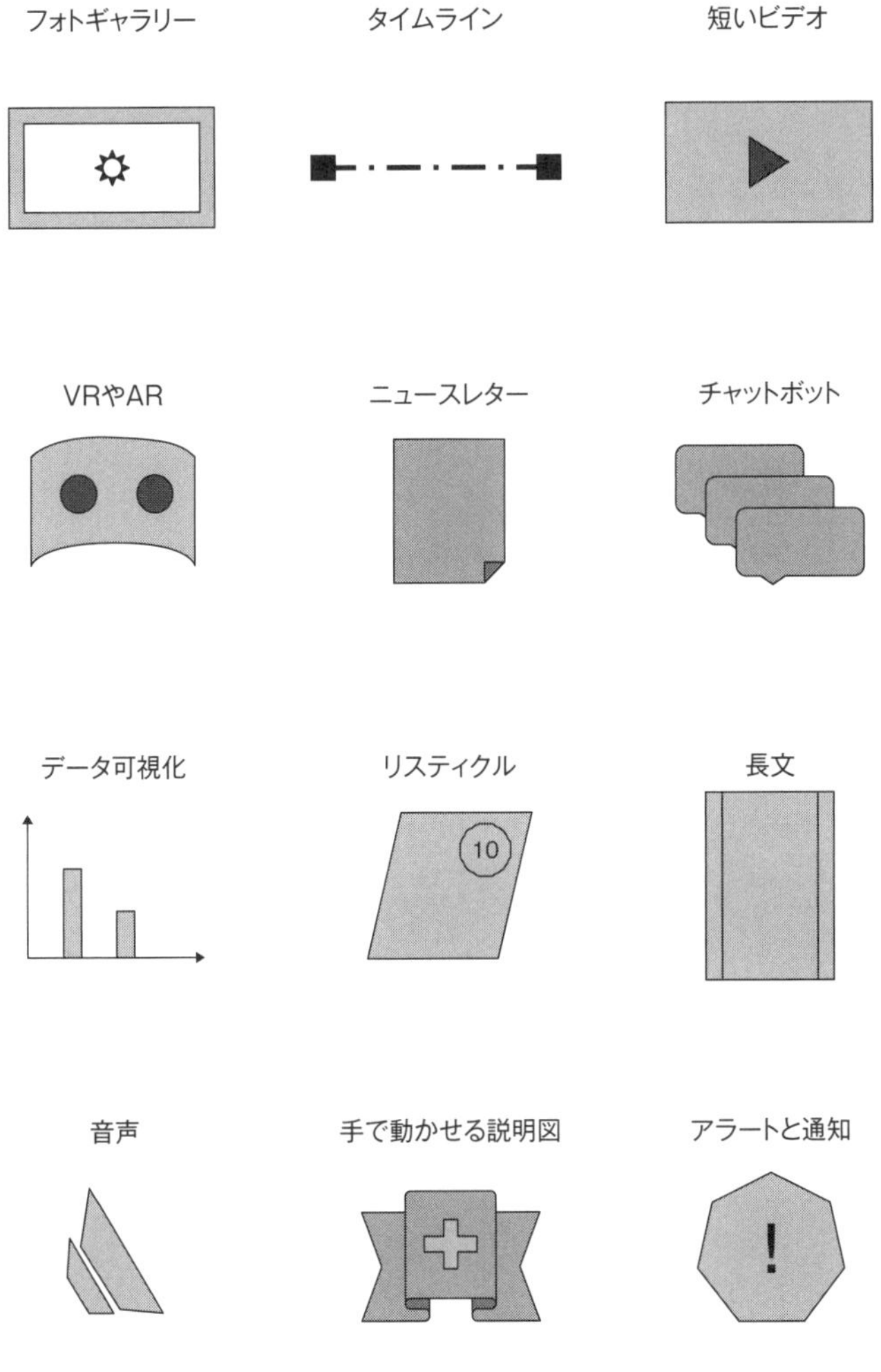

フォトギャラリー
タイムライン
短いビデオ
VRやAR
ニュースレター
チャットボット
データ可視化
リスティクル
10
長文
音声
手で動かせる説明図
アラートと通知
!

デジタルメディア制作による新たな形式の多くは、ＡＩを使っているが、読者・視聴者の競争が激しくなればなるほど、急速に成長している。このようにアルゴリズムが新たな記事のバージョンを作成できるようになったことで、ソーシャルメディアとスマホ向けプラットフォームが支配的になり、制作の構造自体が根本的に変わっていった[22]。新たに大衆化されたニュースの入り口には、映像、タイムライン、ソーシャルメディアのカード[※1]、短いビデオ、ＶＲ・ＡＲ[※2]、ニュースレター、ボット、データの可視化、リスティクル[※3]、対話型の長文記事、音声対応ニュース、手で動かせる説明図[※4]、アラートや通知などが付いたニュースが存在する。これらの新しいアプローチは、伝統的なジャーナリズムの制作手法に置き換わるものではない。むしろこれにより、ジャーナリストにとっては読者・視聴者に対してより多くの価値と情報へのアクセスポイントが増えていくことを意味する。

２０１６年には、ＡＰ通信やロイターなどの報道機関が、ＡＩを活用したプラットフォームであるグラフィック（Graphiq）を使って、自動でデータを可視化し、直接記事に貼り付けることで新たな文脈を加えている。このＡＩは、記事のテーマを本質的に理解し、関連するデータと組み合わせることで機能する。このシステムを

図1.6／人工知能は、個々のニュース消費者に合わせてコンテンツをパーソナライズし、ローカル化することを可能にする

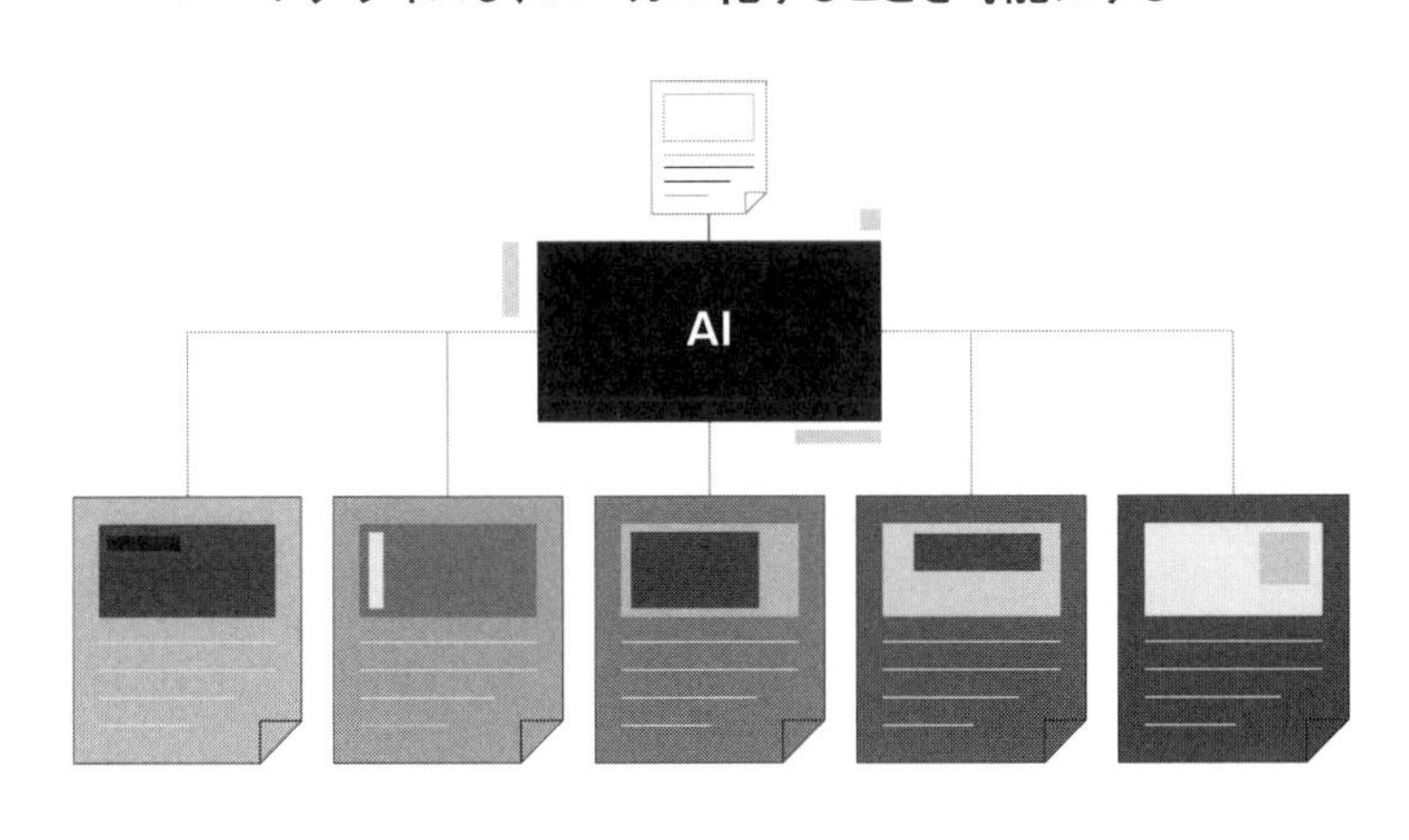

使った会社では、実際に記事が読まれた時間が40%増加したという例も報告されている[23]。新たなかたちの記事を生み出していくには、記事に関して新たな制作過程を管理し、これらAIツールを使う利点をすべて引き出すようなリソースや訓練もさらに必要になる。

業界全体のリソース問題を考える際、ジャーナリストは時間的・経済的制約があるなか、どのようにしてダイナミックな記事制作を実現していけばいいのか。AI記者さんが発見したひとつの解決策としては、同じ記事の違うバージョンを自動作成することだった。

要約技術を活用することで、ＡＩ記者さんは長い記事も自動的にスマホ向けの投稿に書き換えることができる。これを行うのは、自然言語処理[※5]と呼ばれるタイプのＡＩであり、コンピュータに人間の言葉を解釈させて操作を助けるアルゴリズムとなっている。ＡＩを使用して作成した要約の場合、フレーズの関連性をランキング付けすることで、元々のニュース記事から最も重要な情報を伝えている文章を自動的に選んでくる。

ＡＩ記者さんはＡＩを使うことで効率的にスポーツのデータから、何百種類もの異なる視点のテキストを作り出すことができる。それは、勝ったチームの視点からも負けたチームの視点からも生成することができるのだ。この技術は見出しだけでなく、本文そのものに適用することが可能である。アルゴリズムによって、同じ記事を様々なバージョンで作成することができるが、手作業であれば信じられないほど時間がかかることになる。

バルセロナFCがレアル・マドリードに再び敗退　vs.

レアル・マドリードがバルセロナFCに連戦連勝

例えば、AIを活用している報道機関のナラティーバ（Narrativa）は、異なるリーグ、チームごとに毎週、英語とスペイン語とアラビア語で1万8000種類ものサッカーのニュース記事を作成することができる。これらの記事は、MSN.comやエル・コンフィデンシャル（El Confidencial）などのニュースポータルサイトで見ることが可能となる。このような可能性を追求することで、AI記者さんは世界各地域に合わせた記事のバージョンを作成することさえできる。

例えば、
「今日、ロンドンでは、首相がこのように発言しました……」
「イギリスの首都ロンドンでは、首相が……」
「ダウニング街におけるブリーフィングでは、……」
（注：これらの技術すべてがどう動いているかは、第2章で詳細に述べる）

記事のローカル化、パーソナライズは、消費をより加速させる。その一方で、編集のガイドラインやジャーナリズムの基準がきちんと定義されることなく行われれば、公共圏に歪みをもたらす可能性もある。例えば、以下のどちらの見出しの方がより批判的に感じられるだろうか。どちらの方が、野党の支持者としてはマウスをクリックする可能性があるだろうか。

見出し1：進歩党[※6]は金融規制強化を要求する法案を強行
見出し2：進歩党は金融規制強化を促す法案を提案

言い換え文の生成は、自然言語処理ではまだ新しい分野だ。文中の言葉を置き換えるための基本的なテクニックとして、文法のルールや類義語辞典を使うというものがある。より複雑な方法として、ＡＩモデルを使って長いフレーズを短いフレーズに翻訳するように訓練するものが存在するが、これは、元のテキストと言い換え文の言葉のパターンを学習することで行われる。これとよく似たアプローチとして、読者の性格やトーン、場所、日付などを変えることで読者向けにコンテンツを整え

るというものがある。

ここでひとつ、指摘しておかなければならない落とし穴がある。ニュースの消費者は自分自身がもつ信念を確認させてくれるようなコンテンツを探す傾向にあるというものだ。これは、確証バイアスと呼ばれるもので、それによりソーシャルメディア上で特定の視点で書かれた記事のみをシェアするようになったり、ネット上の言説がより分極化する危険性がある。[24] 様々な視点でコンテンツのパーソナライズを行っている報道機関においても、これらのツールを使って消費者をより分断させるようなことがないように注意を払わなければならない。

ジャーナリストがこれらの注意事項を念頭に置くのであれば、報道機関はＡＩを活用し、アーカイブからデータを抽出したり、新たな見識を掘り起こしたり、配信前に自動でパーソナライズしたりして、ジャーナリズムの使命を推進させることができるだろう。人工知能で開発されたアルゴリズムにより、リアルタイムな反応に基づいて、特定の読者・視聴者のニーズに合わせてデータは記事に変換され、カスタマイズすることができる。スマートマシンを使うことで、この処理をより素早くかつ効率的に行うことができるのだ。私たちは、データ主導の（data-driven）世界に生きている。これまでもずっとそうであったが、唯一の違いは、私たちはデータを測定し、解釈し、処理する道具をもつことにより、さらに深い視野を養うことができるのだ。

自動化により、報道機関はより低いコストで大量のコンテンツを配信することができるようになった。また、以前であればコストがかかりすぎてできなかったようなまったく新しいコンテンツを制作することができるようになった。

言うまでもなく、コストカット戦術でより高い質の結果を求めること自体は、新しいことではなく、また、必ずしもＡＩに特有なことでもない。産業革命では、業界の大物たちは、機械は人間の仕事に置き換わらず、ただその仕事の内容を変えるだけであり、さらには平均的な生活の質を劇的に向上させることができると主張した。機械は低レベルの仕事を行うためのものであり、より複雑で面白い仕事は人間の領分である、と。しかし、新しい機械を効率的に使って運用コストを下げるだけで、より高いレベルの仕事に対して再投資を行わない企業も存在した。そのため、ＡＩの使用に関して不安になるのももっともであろう。

励みになるのは、創造力や想像力、共感力をともなう仕事は最も自動化されにくいという研究結果が存在することだ。オックスフォード大学研究員が実施した2013年の調査では、コンピュータが、ジャーナリストや新聞における編集責任者の仕事に置き換わる確率は8％で、記者や特派員に置き換わる確率は11％であるということだ[25]。一方で、銀行員の地位が自動化される可能性は96・8％、スポーツコーチは38・3％だった。

この問題に対する積極的かつ戦略的な取り組みとして、AP通信などの報道機関で示された例がある。AP通信は2014年以来、金融ニュースを自動化することで浮いたお金を貯めておき（ジャーナリストの時間が推定20％削減されている[26]）、その分を使い、没入型メディアやデジタルメディア制作の記者を教育している。これにより、失業を発生させることなく、自動化担当記者など、新たな仕事が生まれたのだ。

※1　リンク先のウェブページの概要がひと目で分かるように表したもので、サムネイル画像やタイトル、紹介文などで構成される。
※2　VR＝バーチャルリアリティ、AR＝拡張現実。
※3　箇条書きの記事のまとめ。
※4　直訳は「エクスプローラブル・エクスプラネーション／探索可能な説明」。記事に付いたコンピュータ・シミュレーションの図のことをいう。
※5　プログラミング言語などの機械言語に対し、人間の言葉を自然言語というが、自然言語を扱う「自然言語処理」は人工知能のなかでもかなり大きな分野を形成している。
※6　ここでは、架空の政党として登場している。

新たなモデルと配信ポイントを探る

インターネットの出現後、メディア各社は、自社サイトのトラフィック[※1]を稼ぐため、SNSなどの配信チャンネルの活用に取り組んできた。今や、コンテンツの管理、配給、金銭化が行われるのは、フェイスブックのインスタント記事[※2]やグーグルのメディア向けサブスクリプション・ツールのようなサービスを介した第三者のプラットフォーム上である。例えば、AIプラットフォームのネイテブ（Naytev）が2016年に行った分析によると、バズフィードはメッセージアプリや画像・ビデオ共有プラットフォームなど45の異なる配信チャンネルを使っているという[(27)]。驚くべきは配信者によるリーチの80％が、自社サイト以外のものとなっていることだ。

AI記者さんは、第三者プラットフォームを介したコンテンツの一斉配信を重要視するナウ・ディス（Now This）のようなメディア企業による新しい波の出現を目の当たりにしてきた。果たしてこれは正しいアプローチなのだろうか。また、コンテンツの水準を保ち続けることについては、どう考えるべきか。

コンテンツが企業の所有物の範囲を越えて配信されるのであれば、いくつかの記

図1.7／トラフィック獲得 対 第3のプラットフォームへのコンテンツ一斉配信

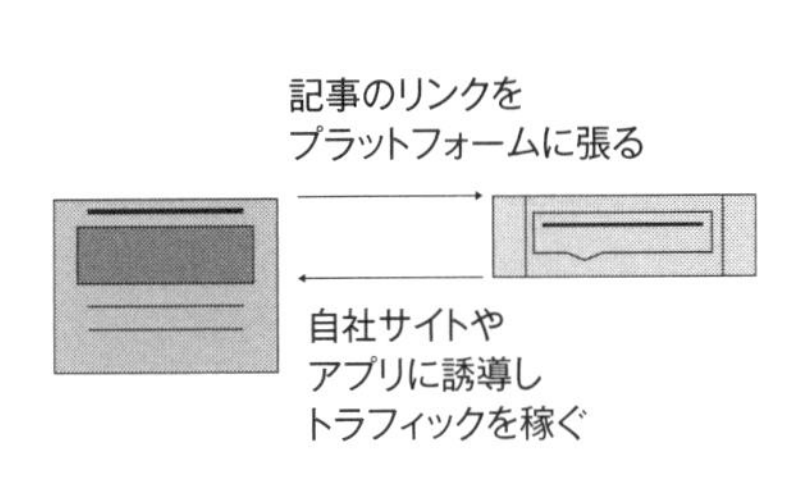

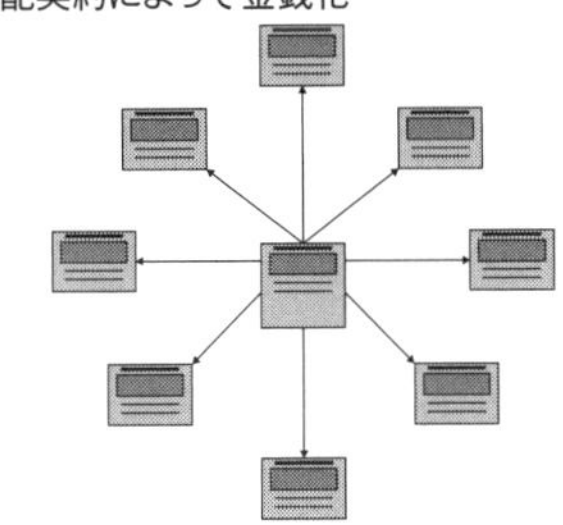

事がコンテンツの隣に表示され、健全な報道の信頼性に深刻な影響を与えるリスクも当然あり得る。例えば、ある選挙結果に関する記事が、それと相反する見解のフェイク記事の横に表示されることで、読者はどの情報を信じていいのかと戸惑うかもしれない。

　こういったリスクは、技術、編集方針、戦略の接続点で起こる。また、その境界線上では、収益源が劇的に変化する可能性がある。コンテンツの一斉配信を考えるとき、各社はコンテンツの配信先を厳選されたパートナー企業のみとすることで、自社のブランドが希釈化されるリスクから身を守る必要がある。しかし、第三者プラットフォーム1社だけに頼るのであれば、長い目で見たときに、読者・視聴者、収益の獲得を阻害する可能性もあるため、多様性も同様に重要となる。最も大事なのは、あらゆるニュースに対する編集権を確保することである。特に消費行動が会社のデジタル所有物の外側で行われるときには、気をつける必要がある。

20世紀の大半と21世紀の初頭において、ニュースを扱うメディア企業の収益は、(新聞社であれ、放送局であれ、オンラインであれ)主に講読料または定期的な料金、そして広告費でまかなわれており、少なくとも間接的には、読者・視聴者の規模に見合っていた。インターネットの出現により、21世紀初め、企業は自社ブランド構築のために、こぞって外部プラットフォームを利用するようになった。

もはやメディア企業は、単に検索エンジンやSNSのトラフィックを稼ぐことに狙いを定めるだけではなくなった。また、メディア企業はフェイスブックやツイッター、ユーチューブ、スナップチャットなど第三者プラットフォームを介して記事の一斉配信を行っている。トラフィックを獲得する戦略において、所有物である自社の記事に読者を誘導することが主な目標になっている。しかし、その一方で、コンテンツ一斉配信へのアプローチを行っており、自社サイト外で読者・視聴者を取り込み、第3のプラットフォームとの収益分配契約によって金銭化するという方向に舵が切られている。

ＡＩ記者さんは業界の同僚と話すことで、コンテンツの一斉配信の時期に対しての考えを少しまとめることができた。

このような新しい配信戦略には、新しいビジネスモデルが必要であるだけでなく、編集サイドにおいても新たな考えが必要となる。報道部は複数のプラットフォームに対して責任があり、編集長の責任は一般社員のジャーナリストよりも重い。編集長たちは、今や「情報担当官（information officer）」として様々なプラットフォームに対応しながら、オリジナル記事の内容や情報収集の枠組みを見極めなければならないのだ。

ロイターやシカゴ・トリビューン、ハースト（Hearst）、ＣＢＳインタラクティブなどの報道機関は、ＡＩを活用したコンテンツ配信プラットフォームであるトゥルー・アンセム（True Anthem）を利用して、どの記事を再循環させるべきか、いつ記事をソーシャルメディアに投稿するべきかを決めている。[28] それらの決定を行うために、システムが読者のエンゲージメントのレベル、配信頻度や時間帯などを予測する信号を追跡する。プラットフォームの方もまた、コンテンツを並び替えて、記事から記述的なメタデータを抽出することで、記事と同じ書きっぷりを実現し、投稿のコピーを自動生成している。

※1 「交通」の意味だが、ネット上を流れる情報量のことを指す。
※2 一般人が書いた記事などネット上の資源を記事の内容に活用すること。通常より速く読み込みができる記事。

1・3 新しいモデルには新しい働き方が必要になる

AI記者さんが勤務する報道機関は、広告費と定期購読による収益の低下に直面しており、何年もの間、予算を削減し続けている。実際、今や報道機関は過剰供給のニュース市場のなかで競い合っていて、ジャーナリストには少ない費用で多くのものを制作することが要求されている。

こうした急速な変化のなかで、AI記者さんのもとに編集長から1通のメールが届いた。タイトルには「前へ進む道」とあった。

社員各位

混乱の時代に、変化を先取りするために最も良い方法は、社内の能力開発に投資し、新しい考えを促すことです。

そのためには、変革を進める主体として個々バラバラに取り組むのではなく、全員がこの実験に参加することが大切です。こうした有機的なプロセスは、報道部内の「変革者たち」によって始まります。

まずは研究と実験のベストプラクティスに焦点を定めた訓練プログラムを受講する職員5人を募集することになりました。

参加者たちはそこで得た知識を部内にもち帰り、問題解決と同時に新たなアイデアも促進する文化を確立させていく責任をもつのです。

編集長

ＡＩ記者さんが所属する組織の編集長の判断は正しい。「変革者たち」がひとつの部に集中すると問題が発生するからであり、それは例えば、このような場合である。

・編集部内の他のグループと、もしくは製品・技術チームとの間にコミュニケーションがほとんど、もしくはまったくなされていない。

・実験に重きが置かれすぎて、報道部全体の戦略について現実的な方向性や整合性がない。

・報道部内の別の場所で生まれている重要な会話についていくことができない人が出る。

これらすべてが、「改革」プロジェクトの芽を摘む結末となり得る。

報道機関でAIを活用するには、新たなプロセスが必要となる

業界全体のＡＩ記者さんたちは、現状の窮状を緩和するために人工知能を実験し配備しているが、成功するためには、その変化は有機的でなければならない。報道部の改革は技術に関するものではなく、文化を変えることに関するものなのだ。これは、ジャーナリストが実験台となり、失敗してもフィードバックをもらい反復することが奨励される環境を醸成していくことから始まる。ＡＩはデータを集め文脈として捉える処理を加速させるが、これはジャーナリズムのプロセス全体にとって不可欠なものだ。こうした潜在的な力の活用においては、以下のような新たな仕事の進め方が必要となる。

・データ主導（data-driven）の意思決定による新しいコンテンツ作りや、新製品開発のような実験を重視する

・編集部と技術部のスタッフが一緒に新たな可能性を見つけ出し、既存の課題に

取り組むといった連携を促進する

・読者・視聴者について、そして新技術や世代の遷移について、チームでよく理解できるように、業界の枠を越えて最善を尽くす

この新たなプロセスは、イテレーティブ・ジャーナリズムと呼ばれる。詳細は、本書の第3章で見ていくことにする。

2　それを可能にするには
――ジャーナリズム改革を加速させるAI技術

実は、人工知能に関する普遍的な定義というものは存在しない。ＡＩはコンピュータサイエンティストにとっては、人間のように考えることができるアルゴリズムのようなものかもしれないが、バイオエンジニアにとっては、実験室のなかで成長していく脳細胞を意味する。では、ジャーナリストは、ＡＩをどう考えればいいのか。報道機関におけるＡＩの場合、人間と機械の相互作用、そしてその連携によって生まれるジャーナリズムの成果という観点で考えるのがひとつの方法である。

2・1 人間と機械の連携で生まれる記事

ＡＩ記者さんは、２人の政治家の討論会を報道することになった。これまでとは異なる新たな視点で読者が理解できるような方法はないものか。ＡＩ記者さんは、技術チームと連携して、オープンソースの感情分析プログラムを使い、２人の政治家の討論会を録画したビデオを解析した。ソフトウェアは政治家の顔から、どの表情が優勢かを分析した。一方の政治家は税金の話をしているときは楽しそうにしていたが、もう一方は最低賃金に対する意見を質問されたときに驚きの表情を見せていた。この感情分析のソフトウェアは、怒り、心配といった感情を引き起こす討論のポイントとトピックを一覧にして見せることもできる。

ＡＩ記者さんと同じ報道部の同僚たちは、この斬新なアプローチに懐疑的でありながらも興味をもっていた。

「どうやって、コンピュータは人の感情を理解しているのですか？」と尋ねたのは、ビジネス分野を担当する記者だ。

「細やかな表現を特定することができるように、ＡＩのアルゴリズムを訓練しています」とAI記者さんが説明した。「まずコンピュータは、顔の複数のポイントを特定します。そのポイントから、顔の特定の表情が特定の感情とどれくらいの確率で相関しているかを計算しているのです。例えば、眉毛が上がると驚きの感情と相関があるという具合に」[1]。

こうしたタイプの人工知能のプログラムによって、ジャーナリストは、複数のデータの情報源からパターンや傾向を特定することができ、離れた場所にいても、物や顔、テキストの状況を分析することにより、取材先の口調や感情をより理解できるようになる。政治討論会の場合、選挙戦で様々に展開される主張とは別に、候補者が本当はどの問題に熱意を感じているのかについて新たな知見を与えてくれるのだ。

例えば、ウォール・ストリート・ジャーナルは、感情分析によってアメリカにおける二極化に関する調査への回答を定量化した[2]。オンラインメディアのクオーツ(Quartz)では、コンピュータにヒラリー・クリントンとドナルド・トランプのテレビ討論の映像を見せ、それぞれの顔の表情からどの感情が優勢かを識別させた[3]。クオーツは、アルゴリズムによってトランプに比べてクリントンの方が楽しそうだということを発見したとしている。しかしながら、この方法はまだ初期の段階にあるため誤差も生じやすいということに注意すべきだろう。

ＡＩ記者さんの説明に納得し、ビジネス分野の担当記者は、あるＣＥＯが会社の財政収支を発表しているときに、どの感情が優勢になっているかについて、このアルゴリズムで解析してみた。しかし、アルゴリズムからはＣＥＯの感情と収支報告の情報との間に相関関係は見つけられなかった。それどころか、ＣＥＯが明らかに楽しそうに報告しているときでさえ「悲しい」と示される場合がときどきあるという顛末だった。

どうしてこうなったのか。それは、機械が学習するためには教師を必要とするからだ。

アルゴリズムには訓練データが必要で、この場合、同ＣＥＯの（数千とはいわないまでも）何百枚もの異なる表情を記録した写真やビデオが必要になる。楽しそうなＣＥＯの顔を写していると記者が認識しているときの画像と、悲しそうな顔を写していると認識しているときの画像がＡＩシステムには必要なのだ。これは、私たち皆がよく子どものときに経験するような直感力を養うときと同じ種のものである。人間の顔の表情の動きはそれぞれ異なるので、機械はこのデータに依拠してはじめ

図2.1／機械学習モデルを構築する過程は、アルゴリズムに学習させる訓練データを供給することで成り立っている。訓練セットは正しい答えを含んでいなければならない。この場合は、誰かが楽しいか悲しいかの情報を含んだ画像ということになる。それによりシステムは、新たな画像を正しくラベル付けする目標に向けてどのようなパターンを見つけるかを学習する

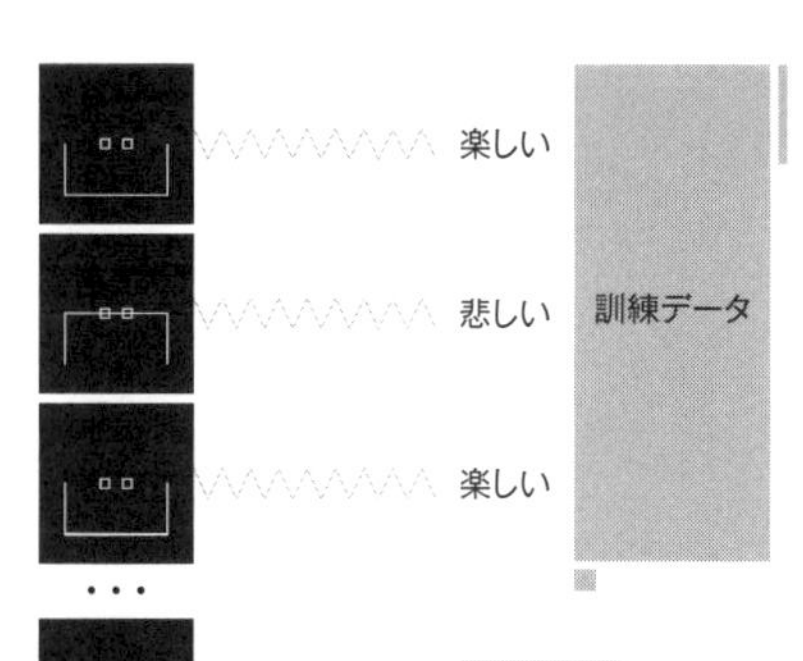

て、CEOの新たな画像や映像を解釈することができる。このプロジェクトでは、記者は訓練データを用意しなかったので、AIがどのように行動を決定すればいいかを判断することができなかった。そのため、不正確な結果となってしまったのだ。

また、このタイプのソフトウェアが高度な知見を示してくれるからといって、実装段階で規制なしで実行されるべきだということにはならない。正確さもさることながら、このようなAIシステムでは訓練データを集めなければならないために、プライバシーの新たな保護基準も必要になるかもしれない。

ウォール・ストリート・ジャーナルでは、中国でAI監視カメラが広がっているということを扱う報道の一環で、ネット記事の中に自作した顔認証ツールをつけることにした。読者がウェブカメラを使って顔をアップロードすると、自動的に感情の状態を判断するというものだ。[4] このプロジェクトには、AI技術がどのように使われているかについて実際に示す意図があったが、そこにプライバシーが存在することを暗に示す結果にもなった。写真やビデオを解析するためのアップロードの際に、読者には利用規約として次のような注意喚起する文が出てくる。「ウォール・ストリート・ジャーナルは、このデモで得たあなたの情報をアップロードしたり、保存したり放映するようなことはありません。あなたのコンピュータの画像や映像は、あなたのコンピュータ内のみに表示されます」。

人工知能というのは根本的には、複雑な問題（「顔の表情が何を意味しているか」）を小さく、よりアプローチしやすいタスクに単純化し、アウトプットする（「CEOが喜んだり、悲しんだり、驚いたりする」）ための機械ということになる。

この点で報道機関が成功できるかどうかは、新しいツールを実装する人間のジャーナリストにかかっており、その実装を根拠づける倫理的、編集的、経済的な検討が期待されている。しかし、より直接的な言い方、つまり学術的でない言い方をあえてするのであれば、AIがDX的たりうるのは、情報を生み出すコストの構造を変えるかぎりにおいてということになる。適切な技術の運用が開始されれば、コンテンツは大量生産され、コストはほぼゼロに近づくことになる。世界は情報欠乏の状態から情報過多の状態に移行している。容易かつ安価にコンテンツを制作できるようになったということは、ジャーナリストにとってチャンスであると同時に課題でもあるのだ。

そこで効果を発揮するのが、強化（augmentation）ということになる。

自動化から強化へ

人間とスマートマシンの連携に関する第一波は、人工知能システムがデータから直接、アラートや記事を生成するといったニュースの自動化から始まった。

スポーツ、金融、経済ニュースなどは記事の形式が決まっていて、AI記者さんが簡単に自動化できるものもあった。しかし、ＡＩツールは依然として人間の力を必要としている。ＡＩ記者さんはニュースポットを活用しようとしたが、そのためにはストーリーに関して特定のテンプレートを作る必要があった。スポーツの最新情報を反映されるテンプレートは、以下のようなものになる。

［チーム名］が［試合］で［形容詞］［点数］を取ったが、そのうち［プレーヤー］が［点数の頻度］で［何の点数］を上げて活躍した。

繰り返しが多く手間のかかる膨大な仕事をＡＩが行う分、ＡＩ記者さんの同僚はより複雑な質の高い報道に専念することができる。つまり、自動化の目的はジャーナリストから仕事を奪うことではなく、労働集約的な仕事から解放することで時間を作り出し、より高い次元のジャーナリズムに従事してもらうことにある。レギュラーシーズンの野球の記事を自動化することで、スポーツ記者はアメフトで脳震盪（しんとう）を起こした選手の脳の長期的な影響を調べたり、アメリカ体操連盟（USA Gymnastics）における性的虐待の事件[※1]を調査したりなどといった、より複雑なテーマを追いかけることができるようになる。

自動化に引き続き、AI記者さんが試みることができる進化は、記事の執筆を補強するスマートマシンの使用だ。AIを使ったインターフェースにより、話題に応じた文脈を提供するだけでなく、日付欄[※2]とテーマに応じてニュース報道を最適化することもできる。

例えば、この種のソフトウェアは、取材先、場所、組織についての事実や数字など、AI記者さんが書くべきことをすべてリアルタイムで推薦してくれる。AIシステムが過去のニュース記事のアーカイブを調べることにより、執筆中の記事の文脈に沿った価値ある情報を引き出し、誰か(もしくは何か)が言及した例をすべて瞬時に見つけ出すのだ。例えば、詐欺の疑いで捜査された建設会社についての記事のなかから、市議会が結んだ契約のうち数百万ドル(数億円)になるリスト上位の5本をAIが表示する。さらに、その業者に関係する弁護士の名前が出ている過去の2つの記事を表示する。このシステムにより、人物、組織、数字などの関係が解き明かされ、詳細な結果が示されるのだ。

こうした機能によって、AI記者さんは、大量のデータを解析し、経験豊富な記者でも分からないようなデータ間の関係を指摘することと、調査報道を極めることができる。コンピュータが数字を扱うことで、ジャーナリストは記事のストーリーを考えることに集中できるのである。

国際調査報道ジャーナリスト連合（ＩＣＩＪ）は自動でテキストを認識し、文書の目次を作り出すＡＩツールを使用している[5]。ＩＣＩＪの記者たちが使用するこのスマートソフトウェアは、オフショア投資と関係する１３４０万件の機密文書の意味を理解することで、最終的には「パラダイス文書[※3] グローバルエリートの秘密」という一連の有力な報道につながった。

ＡＩとジャーナリズムの組み合わせによって、ジャーナリストは深い分析を行い、不正を暴き、人や組織の責任を追及することができるようになり、その結果、社会における情報化の促進に貢献する可能性がある。しかも、それらはすべて以前よりもずっと効率よく行うことができる。最終的には、技術のコストが下がることにより、これら新しいツールは世界中の報道機関のほぼすべてに普及するだろう。ＡＩは、フリーランスや小さい組織に勤める者も含めて、ジャーナリストにとってより身近な存在になっている。報道機関は、既存のソリューション開発に投資するだけでなく、スタートアップと提携することもできる。こうした新たなプレーヤーが急ピッチで開発しているソリューションは、使いやすいだけでなく、現実のワークフローの弱点を解決できるという点が重要である。しかし、その大規模な導入には、やっかいな問題もつきまとう。

※1 連盟の元チームドクターが、治療と称して体操の女子選手らに性的虐待を繰り返した実際の事件。300人以上に性的暴行を加えた疑いがかけられ、2018年に実刑判決を受けた。
※2 日付と場所を書くニュースの先頭にある欄。
※3 タックスヘイブンへの投資のこと。

AIが報道機関にもたらすやっかいな問題

スマートマシンが報道機関に導入されると、ジャーナリストはアルゴリズムの訓練にデータがどのように使われ、スマートマシンがどのように行動を決定し結論を下したかを、注意深く検討する必要がある。

人間の判断をコピーするという結果に、技術上、必ずなるわけではない。AIジャーナリズムが進化すると、「ジャーナリストの直観（journalistic intuition）」とでもいうべきものを育むためには、一体どうすればいいかという課題に直面する。例えば、声の分析などは好例である。人間はそれぞれの会話の価値判断を、とても複雑かつ適応的に評価する方法をもっている。ＡＩ記者さんは取材先と話すとき、相手が使う言葉の重要度合いを相対的に判断するという内在的尺度を働かせている。例えば、何事も誇張しがちな性格であるフェアビューのバスケットボールチームのコーチが、勝利を「驚くべき」と表現したとしても、その言葉の意味は、感動することが少ない人が使うときとは、相対的に異なる価値をもつ。

人間の脳というのは、お互いの関係が深まることにより会話のパターンをより理解するようになる。機械がデータの入力によってこのジャーナリストの直観を育むことができるのかという点には、まだ疑問が残るのだ。

アメリカでは、公共の場所にいる人をジャーナリストは撮影してもよいとされている。同様のプライバシールールは、人間の感情を検出するカメラや、新たなデータを集めるあらゆるシステムに適用されると思われるかもしれない。しかしながら、プライバシールールや規範は技術の進化に応じて変わっていくものだ。システマティックに取られ記録されるデータの種類、画像や音の解析といった技術が爆発的に進化することでも、このルールは変化してくる。例えば、ＥＵの一般データ保護規則（ＧＤＰＲ）では、人々は「自動化された意思決定から自由である」権利と、ＡＩが行う決定の背後にある理屈を知る権利をもつとされている。多くの状況下において、企業は相手から依頼があった場合にデータを削除しなければならない。

こうした理由により、ＡＩツールがコンテンツの制作、処理、配信に使われれば使われるほど、アルゴリズムには、ジャーナリストの密接な監督が必要になる。取材先が信頼できることを確かめることが重要であるのと同様に、スマートマシーンの信頼性とそこに使われるデータを確認することが重要なのだ。物事がうまくいかないのは、技術に欠陥があるからではなく、ＡＩの骨格となる論理的な指令は完成させるのが難しいという理由による。ＡＩは人間が作るものであり、人間はミスをするものなのである。

さて、コンピュータは単純な道具とは違う。訓練されることが必要なのだ。教師の役割を担うため、ＡＩ記者さんはその生徒（ＡＩ）の能力を育てなければならない。うまくいったときには褒め、ダメなときには叱責する必要がある。ある程度は、機械だけでも、自分で学習を管理することができる。プログラムが新たに学ぶことと既知の物事の活用との間でバランスを取る強化学習などの手法がそれに当たる。[※] しかし、この場合でさえ、人間のプログラマーが機械の性能を監督し洗練させていく必要がある。

ジャーナリストは、未来のプロジェクトで参照できるような手引書を作成することで、アルゴリズムの信頼性を評価するプロセスを簡素化することができるだろう。

※ 後にも出てくるが、機械学習の手法は、①教師あり学習、②教師なし学習、③強化学習の3つに大別される。この書かれ方では、読者は強化学習を教師あり学習のひとつであるかのように誤解してしまうかもしれないが、強化学習は教師あり学習とは別に分類されるのが一般的である。訓練データを教師としてAIに学習させるのが教師あり学習の特徴で、特定の環境下で報酬を最大化するための行動を学習させることが、強化学習の特徴である。

組織の反発に備える

メディア産業において、人工知能が広がりつつあるのに、ほとんどのジャーナリストはAIによってニュースを強化するということの倫理的意味合いをまったく知らない。これらの技術の統合により、様々な産業や情報に対する関係が劇的に変わることは明らかであるため、ジャーナリズムへの利点に当てはめる際には注意が必要になる。
成功したメディア技術の進化には、いつも「導入のライフサイクル」が存在する。導入の第一段階は不確実性である。というのも、新たなメディア技術が社会の主流になり始めるときには、その導入に反対する動きが出てくるからである。

Column

報道機関でAIプロジェクトを文書化する際に念頭におくべき情報

概　要：どのようなAIシステムが使われていて、どのような属性をもっているのか。

方法論：なぜこの特定のアルゴリズムが使われたのか、どのようにデータを入手したのか。

過　程：記事の品質や正確な結果を保証するために、どのようなステップを踏んだのか。

エッジケース（特別な条件でのみ発生する問題）：データとアルゴリズムによって、どのような潜在的な誤差が生じ得るか。
公　開：読者・視聴者はAＩの使用に関して、どのように情報を伝えられたか。
報道機関への影響：記事のエンゲージメント、差別化、時間短縮などの観点から、成功の指標は何だったのか。

初めて導入されたメディアの技術は「紙に書く」というものだった。これが導入されたとき、ギリシャの哲学者であるソクラテスは「書かれた言葉は記憶の敵である」と主張した。

数世紀後、印刷機が導入されたとき、ドイツの暗号研究者ヨハネス・トリテミウスは、この新しい技術により、宗教書を書き写す役割を担っていた修道士は怠惰になるだろうと心配した。

タイプライターはもちろん、今日のコンピュータにおけるワープロが導入されたときでされ、同じような抵抗があった。

近年のAＩに対しても、これと同じような懸念が指摘されている。著名なハーバード大学法学部教授ジョナサン・ジットレイン（Jonathan Zittrain）は、「人工知能への過度な依存によって、私たちは知的負債を負わせられるかもしれない」と警告している。[6]

新しいテクノロジーがメディア産業の血流になり始めると、導入の第二段階が始まる。利用することに対するためらいがなくなると、ユーザーは新しいテクノロジーの可能性を認識し始める。このテクノロジーはとても有益なものかもしれない、と。とはいえ、最初にあった批判的な眼差しがなくなるわけではなく、良いアプローチだと盲目的に導入してくれるわけでもない。新しいテクノロジーを導入する過程というのはどれも、革新を受け入れながらも伝統を尊重しなければならないのだ。

強化されたジャーナリズムへの移行は、スマートマシンにより報道機関がコンテンツをより良く速く制作できるようにするためのものだが、得てして導入の反対にあうものだ。ジャーナリストは、機械のことを十分に理解することで、自分たちは機械に置き換えられることはないと心得る必要がある。しかし、ＡＩに対して一定程度、懐疑的になるのは当たり前のことだ。実際、報道用ツールの多くは、グーグル、マイクロソフト、アマゾンなどの大企業による、外部の既存モデルを使って作られている。そういったものであれば、使う前にしっかりと報道機関側で評価する必要がある。

例えば、報道機関で働くデータサイエンティストは、グーグルによって開発された機械学習モデルを用いて、コメントのセクションから自動的に悪いコメントを見つけ出すようなモデレーションツール[※1]を作ることができるかもしれない。ここで重要なのは、会社のサイトのデータを使ってＡＩを訓練するということである。この場合のデータは、人間が「拒否」か「受け入れ」か、振り分けたコメントの履歴ログを使用することになる。

スマートシステムは、監査を受ける必要があり、予期せざる落とし穴を防ぐためにアルゴリズムの設計や機能は評価される必要がある。結果の精度、速度や組織のスケールアップの能力などの属性を評価することは、極めて重要になる。組織でＡＩを活用していくのに先立って、報道機関が考慮しなければならないもうひとつの点だ。監査はＡＩ開発において後回しにすることはできない。技術開発を行ってから規制や「訓練」について考えるべきだと思いたくなるかもしれないが、スマートな技術はそうはいかない。

報道機関にとってもうひとつ重要な考慮すべき点は、コストに関する問題である。ツールを自社で開発する場合、適切に監督されないのであれば、データ処理とクラウドコンピュータの分により費用がすぐに膨れ上がってしまう。

AI記者さんは、同僚を議論に参加させたり、彼らと研究内容を共有したり、技術の落とし穴の可能性についての透明性を確保したりすることで、賢明にも信頼関係を構築している。

AIに人間が介在する枠組み、文書、過程を作ることが、この分野におけるAI開発と技術の発展において極めて重要だ。これらのシステムは、透明性があり、応答可能性があり、説明可能性があることが求められる。例えば、非営利のAI研究機関であるOpenAIは、キーワードを数語入力するだけで記事を丸ごと生成できる自動化プログラムを開発した。[※2] しかし、研究者たちは、このプログラムは悪意をもった人たちによって簡単にフェイクニュースに利用されてしまうだろうとして、プログラムは一般公開されないことに決まった。(7) ジャーナリズムの健全な生態系のためには、技術の利便性とコストの両方を人間が考えることが、極めて重要なのだ。技術が新たな機能を提供するからといって、報道機関に取り入れなければならない

図2.2／人工知能の開発には、ツールで使われる元データとアルゴリズムの検証が常に必要になる

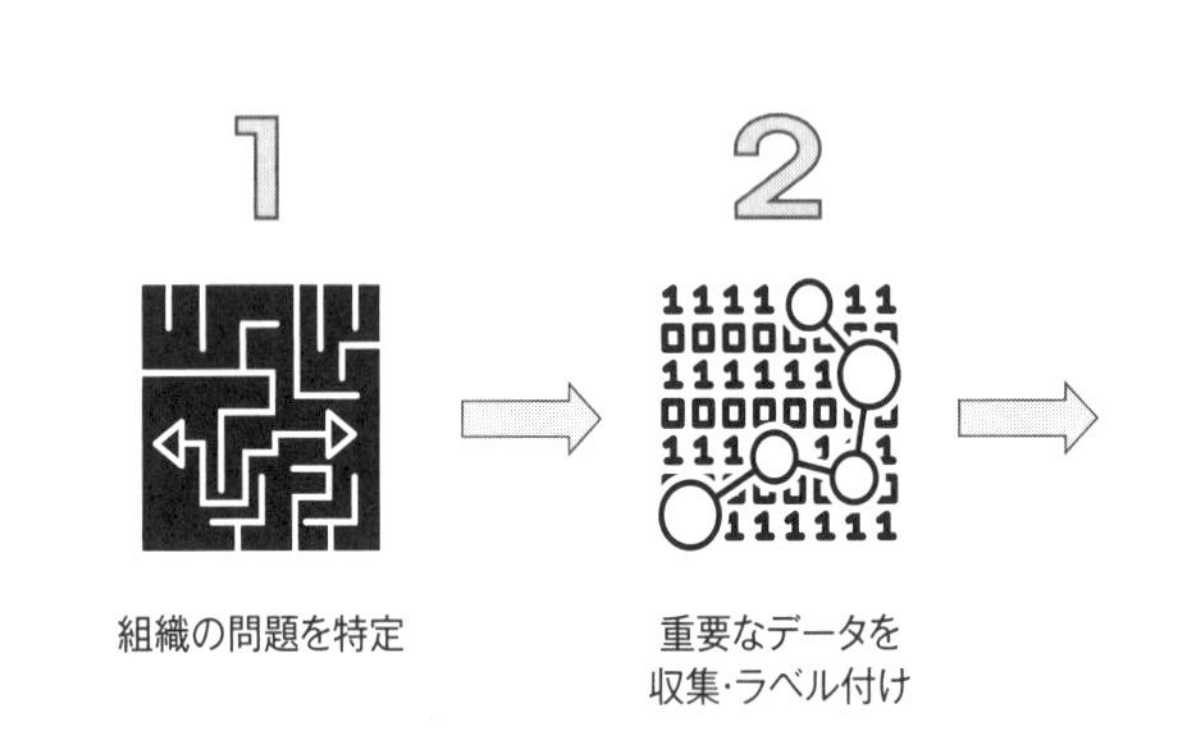

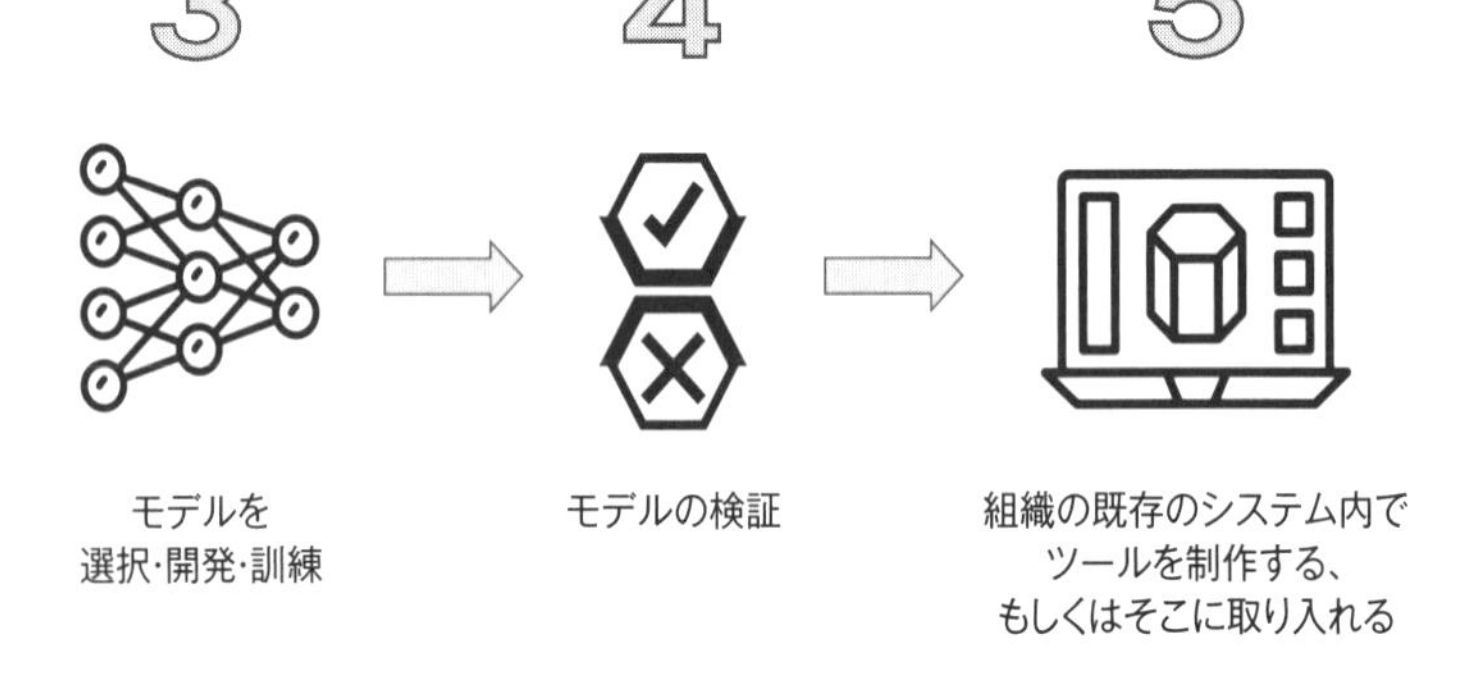

というわけではない。

この技術がもたらすトレードオフの問題を考えることは、業界の責務である。同時に、報道機関は、ＡＩを採用するかどうか、またどのように採用するかという戦略的な選択に麻痺してしまってはならない。

※１　投稿が規約に沿ったものかなどを判断するツール。
※２　これが、現在流行中のＣｈａｔＧＰＴのもとである。

２・２　人工知能と報道機関の戦略

ＡＩを使うかどうかは、報道機関の可能性を広げられるかどうか、つまり、記事の量を増やし、特色のあるジャーナリズムを生みだし、ワークフローを合理化できるかどうかで決めるべきである。ここでは、ジャーナリストがＡＩツールを使って自らの報道、調査、記事執筆、編集などの能力を高めることを「強化ジャーナリズム（augmented journalism）」と呼ぶことにする。

報道機関でＡＩを活用する際、主に懸念される点として、機械のバイアス※、アルゴリズムで生成されたニュースがチェックされない状態であるというリスク、ワークフローが変わってしまうのではないかという恐れ、法的責務、この新たな専門領域に適合するためのスキルセットのギャップの拡大などが挙げられる。自動報道プログラムが誤った情報の記事を作った例として、２０１５年7月にネットフリックスの株価が実際は2倍以上になっていたのに、71％下落したと報じられたというものがある。これはデータ内の「7対1」という用語を誤って解析したためであった[8]。貧弱もしくは不正確なデータ、さらには予期せぬ言い回しで示されたデータによって、自動報道プログラムが誤った事実を伝えてしまうということが起こりえる。機械のバイアスがかかったデータ解析がチェックされないままだと、報道の中身にもバイアスが生じてしまうが、これは他のあらゆるＡＩアプリケーションで生じるものと同じ種類のバイアスだ。これらは、これまで本書の前のセクションでも述べてきたとおり、ジャーナリストが見極めなければならない重要な検討事項なのである。

近い未来、報道機関はＡＩを搭載したツールを自由に使いこなし、ジャーナリストはスマートマシンを日々の仕事に取り入れるようになるだろう。機械知能は、自動化された単純なニュースレポートを作成する以上のことを行うことができるようになる。

報道機関は、AIを問題解決や機会創出のツールとしてみなすべきだ。広く捉えれば、これにより多くの反復作業や多くの人を必要とするような問題に取り組むことができる。AIを装備することで、報道機関はなぜ、どこで、どのように、これらスマートマシンを活用するべきかを自問自答する必要がある。

なぜ：報道機関が人工知能を使うのは、内部のワークフローをシステム化するためなのか、もしくは高めるためなのか。AIを導入することで、制作の規模を拡大させコストを低下させる（自動化）と、個人に合わせたユニークなコンテンツのために資源を動員する（強化）ことができる。

・**自動化**に着目しなければならないのは、多くの反復作業や多くの人を必要とする場合である。制作したい成果物が他と差別化する必要がないときに、このアプローチは有効である。

・**強化**に着目しなければならないのは、人間の仕事が機械の助けによって改善される場合である。コンピュータの力を必要とする複雑な仕事には、適切な選択肢となる。例えば、調査報道において膨大な金融データを解析する必要がある場合などが挙げられる。

どこで：自動生成された記事のような新たなコンテンツを生成することが目的なのか、それとも、写真のタグ付けをしたり記事にラベル付けをしたりするといった例のように、すでに生成された記事などに対するプロセスの効率性を高めることが目的なのか。

・**コンテンツ**が自動化される必要があるのは、報道機関が大多数の一般読者・視聴者にサービスを提供する必要があるとき、もしくは、特定の興味をもつ読者・視聴者に応えなければならないとき（通常は地域ジャーナリズム）だ。実際、同じ記事をほんの少し違う角度から変えた多くのバージョンの（例えば、地域の情報を含むというような）記事が、自動生成され制作されている。結局、自動化は他の方法では作ることができないコンテンツを制作するのに活用することができる。一方で、コンテンツの自動化を進めすぎると、報道機関のアウトプット全体の価値を下げることになることにも留意する必要がある。

・**報道におけるあらゆる過程**は、自動化することができるし、可能であればそうすべきである。ＡＩを特定の活動（例えば、記事にメタデータを加えるなど）に活用することで、劇的に人間のミスを減らし、コンテンツのラベル付けの例でいえば全体の統一性も向上させることができる。このアプローチは、人間がバラバラのアウトプットを生み出し、それが報道機関全体の効率性アップにつながる場合に有効となる。

どのように：報道機関はＡＩツールを自社内部の力で作るべきか、もしくはＩＴ企業や大学と連携するべきか。第三者のツールはどんどん使いやすくなっているが、社員研修が追加で必要になるかもしれない。

・**自社で作る**べきなのは、ツールの開発やメンテナンスに投資する財源があり、しかも作ろうとしているシステムが市場に出回っているものとは異なる場合である。ＡＩは競争するうえで重要な差別化要因となるが、それ相応の多額の資金を必要とする。通常、自前で作る方がふさわしいのは、特定のニーズがあり大きな予算をもつマスメディアの場合である。

・**技術を提供する会社（もしくは大学）と連携**すべきなのは、ＡＩの特徴や性能をカスタマイズする必要がない場合である。予算のない報道機関や、独立系メディアやフリーのジャーナリストには、費用対効果の高いアプローチとなる。

※　データの偏りのこと。

報道機関が自前で作るべきか、提携するべきか

ワシントンポストの自然言語生成ツールであるヘリオグラフ（Heliograph）は、２

016年夏のオリンピックの間、構造化されたデータセット（行と列で整えられたデータ）を使って、競技の結果、メダルの数、イベントスケジュールなど日々の情報を自動生成して更新し、読者に提供した。[9] 更新された情報はテキスト情報としてはSNS上で、音声情報としてはアマゾンのアレクサで届けられた。

しかし、すべての報道機関が自前でツールを作ることができるというわけではない。AP通信はスポーツ記事を自動化する際、IT企業のオートメイテッド・インサイツ（Automated Insights）と提携する道を選んでいるし、イギリスの通信社はプラットフォーム企業のアリア（Arria）と連携している。

より小さな報道機関や独立系メディアのジャーナリストは、通常は、自分でツールを作ろうとする前に、提携先のツールをまず試してみるのが賢明な方法となる。

Column

自前で作るか提携するかを判断する際に考えるべき基準

コスト：

・【自前】報道機関のツール開発には、エンジニアリング、データサイエンス、デザインの専門知識を有する技術スタッフを雇う必要がある。ウェブサーバーやデータストレージに関係する追加コストも必要になる。

・【連携】第三者のスタートアップは、通常月ごとの使用料になるが、その範囲は数万〜数十万円と、使用方法やアカウントのメンバー数による。外部の技術を使用することは、独立系メディアやフリーランスのジャーナリストにとって、AIのワークフローへの活用を始める最も効率的な方法になる。

安定性：

・【自前】自社でツールを開発する場合、ソフトウェアの定期的なメンテナンスとシステムエラーへの対処が必要になる。

・【連携】第三者のプロバイダーは、何十もの他の顧客でもツールの検証を行っており、機能的にはアップデートを常に行っている。

カスタマイズ：

・【自前】報道機関が自前でツールを構築することにより、ジャーナリストやワークフローの特定のニーズのためにソリューションを仕立てることができる。

・【連携】通常は提携先のツールはソリューションとして一般化されたものであり、業界を超えて異なる企業間で適用することができる。

プライバシー：

・【自前】自前のツールを使って専売特許のデータや機密文書を解析することができると、ジャーナリストは安心することができるだろう。組織の外の人間がアクセスすることがないからだ。

・【連携】提携先のツールだからといって、自社のものより安全性が劣るというわけではない。しかし、常に、そのリスクをどう認識するかという問題は残る。

2・3 技術がジャーナリズムの新たなモデルをかたち作る

人工知能のなかにも、現代の報道機関における人間による記事制作※を向上させることができる、いくつかのジャンルがある。

機械学習では、複雑なアイデアをより小さくアプローチ可能なタスクに単純化し、最終的には指定された目的地に導いていく。「教師あり学習」「教師なし学習」「強化学習」の主に3つのタイプがある。これら機械学習の枠組みにより、記者たちは巨大なデータの集積から結論を導くことができるのだ。

※　原文ではストーリーテリングstorytellingとなっているが、あえてこう訳出した。

教師あり学習を用いて既知の入力と既知の出力を結びつける

ＡＩ記者さんと同僚にタレコミ情報があり、ある州の上院議員の選挙資金に不正疑惑があることが分かった。しかし、報道部には、この選挙を調査する人的資源を割く余裕がなかった。タレコミはあくまで推測にすぎないものだったが、もし本当であれば非常に重要な記事となる。

ここで機械学習が登場する。ＡＩ記者さんのチームは、教師あり学習を使ってアルゴリズムを訓練することで、違法な資金調達により起訴されたか、過去の選挙における連邦政府の献金制限を回避した数千の財務文書を解析した。ＡＩシステムは、それらの文書に共通するものが何であるかを学習する。例えば、企業や組合は候補者に直接献金することが禁じられているが、その名前などである。そして、文書の特徴と、問題の選挙運動との相関関係を決定する。

州のこの上院議員の場合は、既知の入力（財務文書）と、既知の出力もしくはとりあえず疑いのある出力（おかしいところのある財務文書）がある。ＡＩ記者さんのチームは、疑わしい選挙の財務文書をシステムに取り込むことで、ＡＩに当該のものが違法な資金提供を受けている可能性が高いかどうかを判別させた。

機械学習は主にアルゴリズムに依存している。このアルゴリズムはダイナミックなルールの集まりであり、これに従うことで、望ましいソリューションが与えられる。歴史的なデータに基づくことで、機械は新たなデータのなかから注目すべき点を見つけ出すことができる。選挙資金に関する文書を与えることで、「80％の確率で、候補者が１カ月以内に７つの無記名の相手から２００万ドル（約２・８億円）以上を受け取っていれば違法な活動の可能性がある」とソフトウェアが示唆を与えてくれるのだ。

これは相関関係であり因果関係ではないが、歴史的データに基づいた80％の可能性というのは、ジャーナリズムが調査をより深く行うためのシナリオを示唆するのに十分だろう。もっとも、それだけで結論づけるのは早く、初期の考察にすぎないのではあるが。

機械学習を利用して、アトランタ・ジャーナル・コンスティテューション

（Atlanta Journal-Constitution）は医師による性的虐待について報道したが、これは2016年の一連の記事のなかで述べられたもので、懲戒を受けた後もどうして内科医が免許をもち続けることができたかというものである。[10] その新聞社のデータジャーナリストが、当局のウェブサイトをスクレイピングし、医療委員会（医師免許を発行している機関）に寄せられた苦情を50州すべてにおいて集めた。記者は機械学習を利用することで、10万もの懲戒文書をキーワードで解析し、医師による性犯罪と関係するケースにあたる可能性のスコアを割り当てた。これらのデータの知見を調査報道の指針とすることで、記者は、どの病院に調査を集中させるべきか、どの取材先を追うべきかについて、情報を絞り込むことができた。

アルゴリズムはミスをする

機械学習のアルゴリズムを構成することは非常に難しく、記事の作成がうまくいっていない場合は悲惨なものになる。これは、記事を制作する記者にとってだけでな

図2.3／機械学習における最も一般的な2つの誤差は、偽陰性と偽陽性である

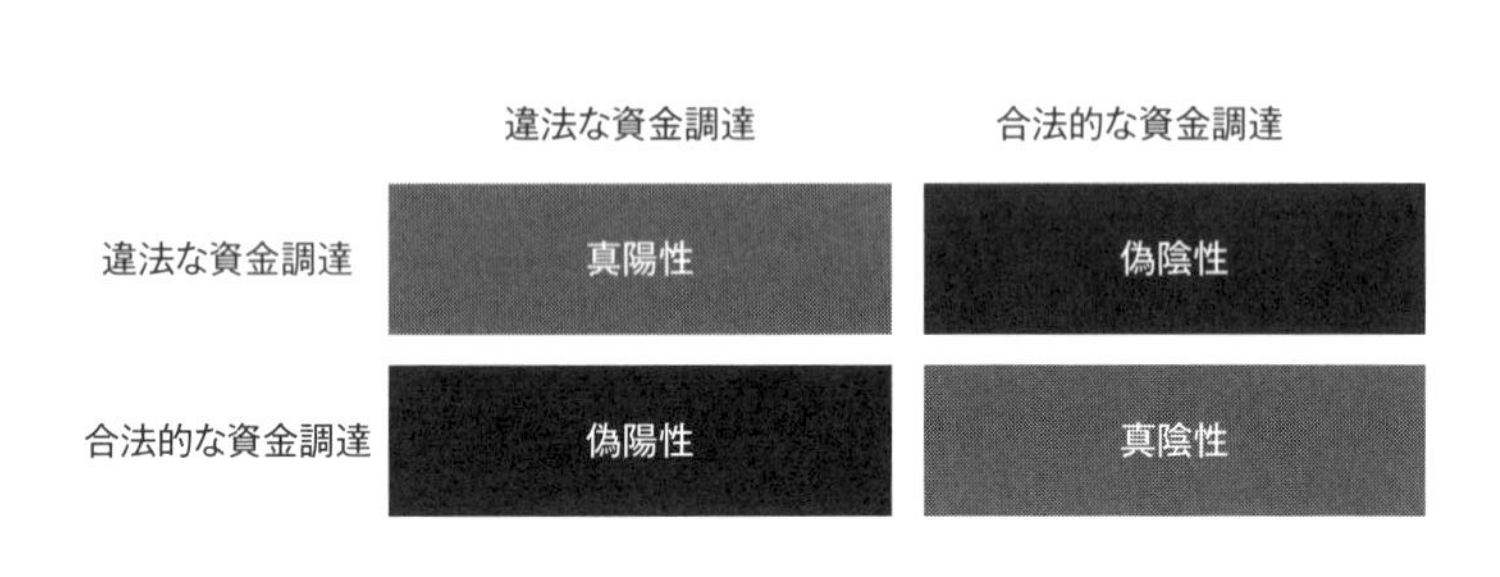

く、報道機関がアルゴリズムに頼って、どのようにどの記事が読者に配信されるかを決定した場合もそうである。

機械学習における最も一般的な2つの誤差（error）として、統計学の用語を借りれば、タイプⅠ（偽陰性）の誤差とタイプⅡ（偽陽性）の誤差がある。※

偽陰性は、AI記者さんが使用するアルゴリズムが違法な資金調達項目を適法として分類してしまうことを意味する。もちろん、AI記者さんはそれを防ぎたい。この誤差は、アルゴリズムの訓練に使われた文書が人間によって正しくラベル付けされていないというような場合も含め、複合的な要因によって発生する可能性がある。偽陽

性は、同じアルゴリズムが合法的な文書を違法であると分類してしまうことである。これもまたAI記者さんの望むところではない。

AI記者さんの希望は、高い精度で、違法な資金調達を違法であるとラベル付けし、合法的な資金調達を違法としないシステムである。

ここで、AI記者さんの同僚が「でも、どうすればいいんですか?」と尋ねてきた。

AI記者さんの返答はこうだ。「選挙の資金調達に関するデータをアルゴリズムの教師データにしているのです。アルゴリズムは人間が書いたものですし、人間はミスを犯します。だから、AIマシンだって特に初期の段階では、ミスを犯す可能性があるのです」

AI記者さんは、ここで重要な問題を提起している。システムがどのように動いているかを知り、自信をもって記事を世に送り出すことは、現役のジャーナリストの責任である。AIの性質とそこを流れるデータを理解することで、アルゴリズムが生む誤差にどのような可能性があるかについて、報道機関は知見を得ることができる。実際問題としては、編集責任者が決断する必要がある。どんなシステムも100％の精度とはならないので、AI記者さんは偽陽性、偽陰性のどちらかを優先することになる。この問題への答えは、手がけられたジャーナリズムの仕事のタイプによっても異なるため、ケースバイケースで評価する必要がある。

※　統計学や機械学習の文脈においては、error は計算値と実測値のズレのことを指し「誤差」と訳し、和製英語の「エラー」とは若干意味が異なる。

教師なし学習：参考にするべきものが分からないとき

AI記者さんは、フェアビューの薬局で新たに大麻を販売できるような場合、近くの小売店にどのような影響があるのかについてのストーリーラインを考えてみた。この話題は1年以上、この地域を二分してきたものである。実際、多くの住民が、大麻製品によって犯罪が増加し、周囲に悪影響を及ぼすことを懸念している。

AI記者さんは、新規営業の許可数、それぞれの場所における店の営業時間、報告された万引の数など、入力として考えられるすべてのデータを集め、可能性のあ

るパターンを発見するようスマートシステムに指示を出した。[※1]

ＡＩシステムが見つけたのは、薬局から半径３マイル（約５キロ）以内のレストランでは売上が伸びて、ほかと比べて多くの人を雇っている。その一方、（薬局がたまたま休みである）日曜日の午後には万引が発生しやすいということだった。

コンピュータそれ自体は特に何かを探しているわけではないものの、報道する価値のある何かを見つけてくる可能性がある。

教師あり学習とは異なり、教師なし学習にはターゲットとなる出力が与えられない。[※2] このシステムは入力と出力の関係にしばられることはなく、通常、データ間の類似性や偏りを調べるのに使われる。そうしたアプローチのなかには、ジャーナリストが技術職のスタッフと協力しなければできないものもある。リソースに乏しい規模の報道機関やフリーランスが取り得る解決策としては、そのテーマに興味を示す研究者と連携することである。

機械学習は、データセットが特定の大きさを超えたとき、人間には見えないものを見せることが可能な強力なツールとなる。

スポーツのデータを例に取ろう。スポーツファンは、分かりにくい統計との数値的な相関にしばしば興味をもつ。例えば、教師なしの機械学習は、シーズン中のバスケットボールの統計を見て、異様な相関が見られたときにジャーナリストに通知することができる。「先月は4人の選手の出場時間を減らしながら、攻撃の効率は劇的に良くなっている」という（もともと、情報を尋ねられることさえなかったような）ことを機械は知らせてくれる。これが、記事のベースを形成することになる。

※1　海外では大麻が合法化される場所が増えてきている。例えば、アメリカでは、2024年5月の時点で24州で娯楽用大麻が合法化されている。

※2　訓練用に与えられる「答え」のこと。関数Y=f（X）の関係があるとき、このYを目的変数またはターゲットと呼ぶ。

強化学習：記事を最適化する

機械学習におけるもうひとつの代表例が「強化学習」である。この学習では、環境を探索することにより、機械が機械に教え込む。実際に、この学習では自動運転車の訓練や、チェスや囲碁のようなコンピュータ上でプレイできる複雑なボードゲームにそれがよく利用されている。ジャーナリズムの分野では、読者・視聴者が参加することで、AIそれ自体について学ぶような双方向的なプログラムとして活用されてきた。例えば、ニューヨーク・タイムズでは、ゲームをプレイするAIを扱った記事に、強化学習で訓練されたプログラムがユーザーとジャンケンを行うという動く画像が付けられている。[11]

記事制作においては、これらのアルゴリズムの活用はまだ初期段階である。しかし、強化学習を応用して配信を最適化することも可能だ。例えば、これは特定の記事において最も良い見出しやサムネイルを選択するのに役立つ。2016年には、マイクロソフトが文脈バンディッドと呼ばれる強化学習の一種を使って、MSN.comの最適な見出しの選択を行い、クリックスルー率[※1]を25%向上させた。[12] このシステムはA/Bテスト[※2]をより洗練された形態として機能する。文脈を判断し（読者がサイトを訪れた日時、使用したデバイス、地域など）、アクションを起こし（どの見出しを表示させるかなど）、決定の結果を観察する（ユーザーは記事をクリックしたかどうかなど）。それぞれの結果は、報酬と結びついており、強化学習は、平均的な報酬を最大化することで機能する。

機械学習のもうひとつの新たなアプローチとして「ディープラーニング（深層学

習）」と呼ばれるものがある。これは、画像や長文テキストといったような、より複雑なタイプのデータの学習を機械に行わせる手法である。プログラムの複雑性を高め、ある結果を予測するモデルの精度を示す指標である「損失関数」を最小化させることで行われる。

ディープラーニングは、教師あり学習、教師なし学習、あるいはその中間にも使われる。雑誌のブルームバーグ・ビジネスウィーク（Bloomberg Businessweek）の表紙をＡＩで制作するといったような高度な生成タスクにも使われてきた。[13]これらのタスクとして通常、生物の脳内の神経回路網に発想を得た高度なコンピューティングシステムであるニューラルネットワークが使用されている。このタイプのＡＩは、特にリサーチ関連でジャーナリズムに応用できる可能性がある。ＡＩ記者さんは、これを使って複雑な法律文書を解析することにした。ＡＩを使うことで、法律の専門家ではない人にも専門用語を理解できるように簡単な言葉に自動翻訳することが可能になる。ニューラルネットワークは、人間が学習し情報を処理する方法を模倣する。つまり、機械が多くの文書を「読み」、特定のパターンを認識しようとするのだ。例えば、「集団訴訟」という言葉が出てくると、「訴訟」という概念が（特

図2.4／報道で使われる多くの自然言語生成システムは、行と列で構成された構造化データが必要である

町	住宅販売件数（今年）	住宅販売件数（去年）
フェアビュー	1400	1500
スプリングフィールド	1100	1000
フランクリン	800	800

定の個人とは反対の意味の）「人の集団」と結びついていると認識してくれる。

※1　広告が表示された回数に対する広告がクリックされた回数の割合。
※2　AとBの2つのパターンを用意することで、どちらがより効果が高いか比較し検証する手法。

ニュースの自動化

AI記者さんが、コンテンツの自動生成を行わなければならないとする。その場合、人間のコミュニケーションを理解し分析する自然言語のアルゴリズムから取りかかることになる。AI記者さんは、自然言語に関係するAIの分野が2つあるということ

を学んだ。自然言語生成と自然言語処理がそれにあたる。

自然言語生成（NLG）は、明確に定義された仕組みに従いニュース記事を書くといったような繰り返しの仕事を自動化することができる。AI記者さんは、最近、次のような不動産のデータセットを手に入れることができた。

AI記者さんはこのデータを使って、さっそく試してみることにした。自然言語生成ツールは、テンプレートに従い、行と列で構造化されたデータからテキストを直接、自動で出力する。AI記者さんは、次のような記事のテンプレートを作ることにした。

> **［町］**の住宅販売件数は、今年は**［住宅販売件数（今年）］**となり、去年の販売記録である**［住宅販売件数（去年）］**と比べると**［増えた／減った／変わらなかった］**。

この例は最も基本的なもので、カッコ内の言葉は特定の変数で、それぞれが表すデータポイントは変更可能である。収支報告やスポーツの要約、経済指標の更新などといった時間が必要とされる多くの仕事も自動化することができる。

AP通信はこの方法を使って金融ニュースを自動化することにより、これまで人間の記者で担当できていたのは300企業だったのが、機械によって4400超の企業を扱えるようになった。つまり15倍近くに増加したことになる。同じ方法を使って、ノルウェーのニュース機関は、サッカーの記事を試合終了後、30秒で生成できるようになった。

ブランチ・ライティング：バリエーションで考える

テンプレートを使って記事を書く機能は、一般的には「ブランチ・ライティング」と呼ばれている。※記事が複数のバリエーションをもてるという意味である。ブランチ・ライティングとは、自然言語生成のシステムに指示を出すことにより、特定の状況下で特定の言葉や文を書くことを意味する。これはコンピュータのプログラミ

図2.5／人間のジャーナリストは、データをテキストに自動化する全過程で非常に重要な役割を担う

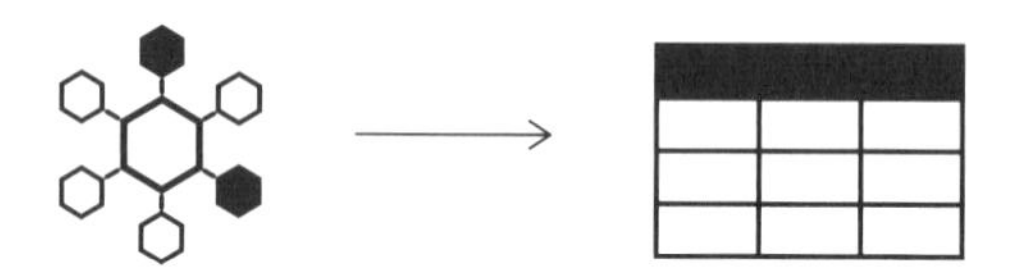

データジャーナリストは、
元データを確認し、
事実かどうかを見極め、
検証する。

データジャーナリストは
データを整えて、
構造化された表に
読み込ませる。

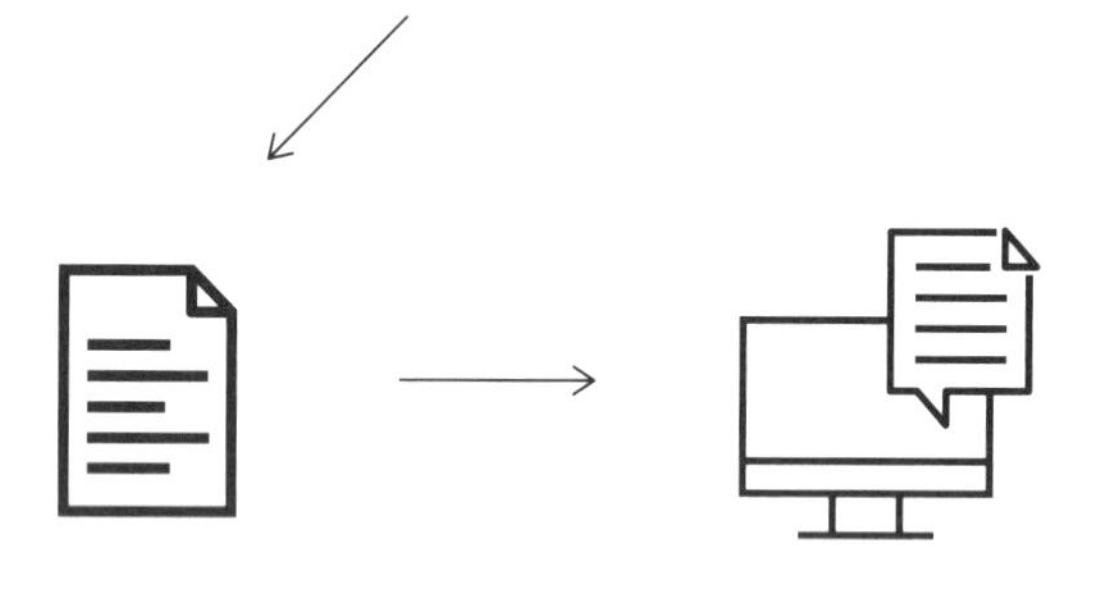

自動化担当記者は、データを
記事テンプレートエンジンに
取り込ませる。

自動化された記事が、
記者による最終チェックを受けるため
CMS（コンテンツ・マネジメント・システム）に
送られる。

ングでいうところの if-then-else の論理になる。

先ほど引用した記事のテンプレートでは、ＡＩ記者さんは次のような条件を作った。

- **条件1**：もし［住宅販売件数（今年）］＜［住宅販売件数（去年）］となった場合、［減少した］と書く。
- **条件2**：もし［住宅販売件数（今年）］＞［住宅販売件数（去年）］となった場合、［増加した］と書く。
- **条件3**：もし［住宅販売件数（今年）］＝［住宅販売件数（去年）］となった場合、［変わらなかった］と書く。

ＡＩ記者さんは、このツールを使って、データを条件に合ったテンプレートに入力する。ボタンをクリックすると、次のような3つのアラートが生成される。

図2.6／データからテキストを生成するプロセスでは、ジャーナリストが記事のテンプレートを書く必要がある

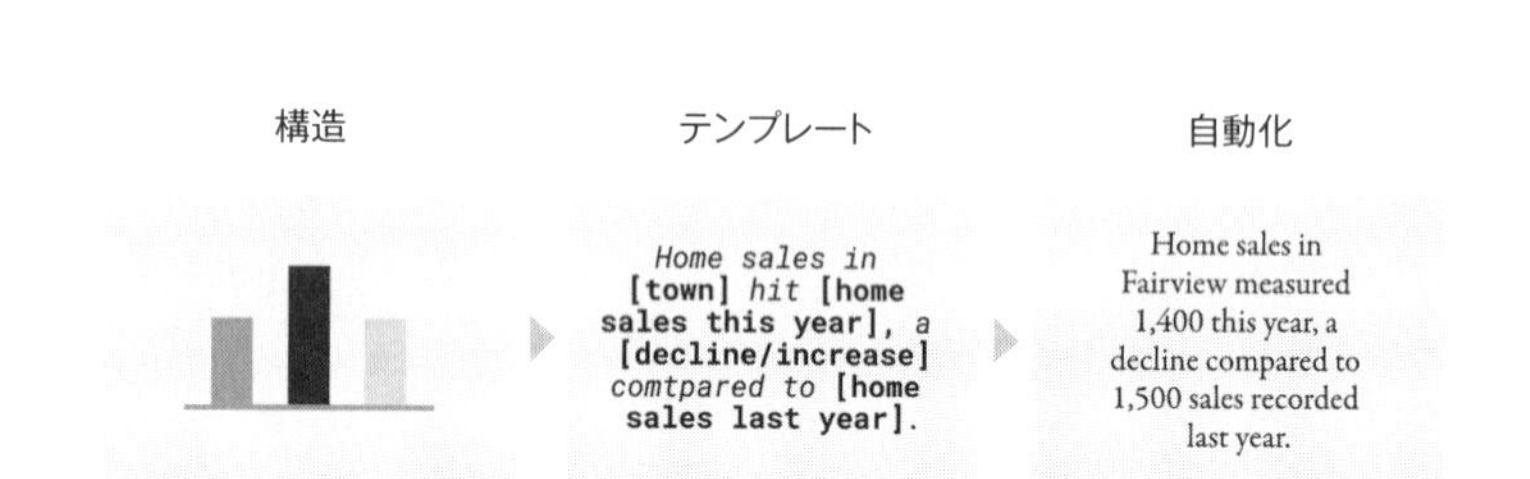

条件1による記事：
フェアビューの住宅販売件数は、今年は**1400**件となり、去年の**1500**件と比べて**減少した。**

条件2による記事：
スプリングフィールドの住宅販売件数は、今年は**1100**件となり、去年の**1000**件と比べて**増加した。**

条件3による記事：
フランクリンの住宅販売件数は、今年は**800**件となり、去年の**800**件と比べて**横ばいで推移している。**

ニュース業界では、現在もブランチ・ライティングの方がテキスト自動化よりも有力である。その一方で、記事の構造を学習し、テンプレートを自動で作り出すことができる新たな自然言語のツールも登場している。この場合、記者がテンプレートを一から作る必要はなく、出力された品質をチェックするだけですむ。

構造化されたデータセットを使って記事を自動生成できるプログラムにより、ジャーナリストは何百でも記事を生成することができる。しかし、同じテンプレートから大量の記事を生成する場合、単調な繰り返しになってしまうおそれがある。この問題に対処するために、オートメイテッド・インサイツやアリアといった報道機関で使われる自然言語生成の様々なシステムがある。それをAI記者さんのようなジャーナリストが使うことで、単語を同義語に置き換えることが可能になり、コンテンツそれぞれを差別化することができる。

フェアビューの**住宅**販売件数は、今年は１４００件**となり**、**去年**の１５００件という**記録**と**比べ**て減少した。

もしくは、

スプリングフィールドの**不動産**販売件数は、今年は１１００件に**達し**、**前年度**の１０００件の**登録**と**比較し**て増加した。

※　ブランチ〈branch〉とは、「枝」の意味で、元の記事を幹とした場合、その別バージョンが複数用意できるという概念になっている。

Column

ケーススタディ：ル・モンドによる選挙の自動化

2015年、フランスの新聞社ル・モンドは、AI企業のシラブス（Syllabs）と提携して、地方選の報道を行った[14]。選挙までの間、新聞社はシラブスの記事生成アルゴリズムとフランス国立統計経済研究所と内務省の公開されているデータセットをつなげ、3万4000の地方自治体の結果を示すことにした[15]。記事には、それぞれの地方の経済成長率、失業率、インフレ率などのデータが含まれていた。選挙に先立って、プロジェクトでは、ル・モンドの記事の文体をボットに学習させるということも行われた。選挙の日になり開票が始まると、このボットがすべての自治体の結果に関する記事を制作した。これによりル・モンドの人間の記者には時間が生まれ、それぞれの選挙の重要性を分析する詳細な記事を執筆することができた。記事の自動化により、多くの記事がオンラインで掲載されたことで、ル・モンドはSEO（サーチエンジン最適化）によるトラフィックを跳ね上がらせることに成功し、30万というユニークビジター数をつけて、フランスの競合のテレビ局アンフォ（Info）に勝つことができた。

自動化担当記者、報道部に加わる

自動化ツールをいくつか試して、ＡＩ記者さんは、オートメイテッド・インサイツやナラティブ・サイエンス（Narrative Science）、アリア、イジオプ（Yseop）など高品質の自然言語生成のプロバイダーが多数存在していることが分かった。

ジャーナリストは、それぞれの場合で自然言語生成のソフトウェアを利用してテンプレートを作成し、特定の仕事を自動化することができる。価格は別として、どのサービスを使うべきか判断するうえで重要な特徴となるのは、ほかのツールや元データとの統合がどれくらい容易であるかである。例えば、これらのツールのなかには、タブロー（Tableau）やパワービーアイ（Power BI）などのデータ可視化サービスに直接、統合できるものが存在する。これは、自動化された記事に図表を挿入したいジャーナリストにとっては重要だろう。

この新たなかたちの記事制作では、文章と単語の両方のレベルで可能な記事のバリエーションを考える必要がある。そのためには、AI記者さんがジャーナリズムスクールで学んだような逆ピラミッド型アプローチ（最も重要な情報を最初に置いて、その後、2番目に重要な事実を置く）とはまったく異なる、スマートな論理と条件が必要になる。

AI記者さんは、100の株式公開企業の財務結果に関する構造化されたデータを含むスプレッドシートをアップロードすることから、このプロセスを始めることにした。ツールによって行と列を変数に変換することで、テンプレートの特定のフィードにリンクさせることができる。

その後、AI記者さんは、ある基準で特定の文を生成するようシステムに指示を出した。例えば、企業の収益を含むスプレッドシートのセルの値が費用のセルの値より大きいときだけ、「利益を上げた」と書くように命令する。損失が収益より大きい場合は「損失を出した」と書いてもらうことになる。

記事をいくつかチェックした後で、AI記者さんは損失と収入が等しいとき、どう書くかを伝えていなかったことにすぐ気づいた。企業の財務結果に関する記事生成で起こり得る第三の選択肢になる。ＡＩ記者さんが理解したのは、人間のジャーナリストが自動化のプロセスを制御しなければならないということだ。人間がテンプレートを書き、記事のバリエーションとしてどのようなもの（ブランチ）があるかを考え抜かねばならないばかりではない。さらに重要なこととして、元データを確認し、事実かどうかを見極め、検証する必要がある。

Column

自然言語生成を活用する際、留意すべき原則

- 自動化したい記事のサンプルを手で書いてみることから始め、その後、テンプレートを作成してみる。
- 可能であれば、異なるブランチで似たような論理構成にし、プロセスをより簡単にする。

・中核となるテンプレートが完成すると、フレーズの重複を防ぐため、同義語を加える。

・報道機関のスタイルガイドで、※数字への言及が適切なかたちかどうかを確認する（例えば、「パーセント」として記すのか、記号の「%」として記すのか）。

・後の段階で対応しなくて済むように、初期の段階で、データセットの論理として問題になり得る境界事例を確認しておく。

※ 文章上の表現・表記の手引き。日本では用字用語辞典と呼ばれるもの。NHKから『漢字表記辞典』という名前で発売されていて、ここに漢字以外の表記に関しても詳しく掲載されている。

自動化された記事は、人間が書いたコンテンツと同じ編集基準・プロセスを経る必要がある。自動化の過程では、報道機関のスタイルガイドとの整合性を確認するのはジャーナリストの責任となる。特定の名前のスペル、題名、数が他の記事と同じかどうかを確認することも含まれる。

テンプレートの品質を担保するために守るべき一般的な決まりとしては、それぞれのバリエーションの核になるような例を含んだ一連の記事を調べるというものがある。例えば、数百ある都市の住宅販売件数に関する単純なテンプレートとしては、次の3つが考えられる。

1. 売上アップに関する記事
2. 売上減少に関する記事
3. 停滞した（増加も減少もしていない）市場に関する記事

それぞれの記事の価値を見極めることにより、ジャーナリストは、各結果に関して問題がある可能性をすばやく察知し、テンプレートを修正することで、迅速に解決することができる。

テンプレートが完全に審査された後は、データの質の査定に重点が移る。入力に使う生データが、金融データと連動したものや政府機関など信頼できる情報源からのもの、もしくは報道機関で直接集められたものである場合、誤差が生じるリスクは低くなる。しかし、そのようなデータを常に利用できるとは限らない。時間が経った後で得た情報源の信頼性が低かったということが、分かることもある。ジャーナリストが報道に関して様々に努力するのと同じように、元の情報源が正しいことを証明し、できあがったものをたえずチェックすることが非常に重要なのだ。

実際、ジャーナリストは潜在的な誤差に対して常に気を配る必要がある。例えば、2017年、ロサンゼルス・タイムズのボットが、カリフォルニア半島沖でマグニチュード6・8の地震が起きたとして間違えてニュース速報を自動配信したが、それは1925年に起きた地震だった[16]。アメリカ地質調査所のデータのエラーが、この間違いの原因だったといえるが、この重要な教訓は、自動化システムは報道部の自動化担当記者がチェックするなど、人間の監督が必要になるということだ。

特定のニュースに関して、自動化された記事が十分な文脈を提供しないことを示す例もある。例えば、フェアビューで販売された住宅数に関する記事は、地元当局が当該地域の所得税を上げたという説明なしに、住宅販売件数が劇的に落ちたということを示すかもしれない。これは、すでに述べたとおり、純粋に機械だけで書いた記事であれば表面化しなかったかもしれなかったという点において重要な知見である。このような例では、自動化担当記者は、追加の情報を読者と共有する責任がある。この場合、自動化担当記者は、政府筋もしくは第三者から得た、新たな租税措置の経済的影響に関するデータを加えて決定するということになるだろう。

制作を自動化することにより間違った情報が配信され、報道機関が名誉毀損で訴えられるということも場合によってはあり得る。そのコンテンツが名誉毀損であるとするためには、原告は「現実の悪意」、つまり間違った記事を制作する意図によってAIが作られたということを立証しなければならない。きちんとした報道機関であれば意図的に間違ったニュースを流したりすることはないが、自動化担当記者はそういったリスクを軽減するために、人間がチェックする仕組みを導入する必要がある。そのような仕組みが存在することにより、報道機関がデータに対する権利をもち、報道機関がデータを加工し、各媒体を通して配信することが法的に許されていることを保証することにもつながるのだ。

報道機関の新たな役割

報道の自動化とＡＩのプロセスを実施するために、人間の労働を必要とするものがかなり存在する。[17] ＡＩが報道機関に入り込むと、そうしたツールを作り使いこなすための仕事が生まれ、報道機関のスキルセットを変えることになる。将来、報道機関でＡＩと仕事をする意味を理解している記者、スマートツールを管理する意味を理解している編集責任者、ジャーナリズム的なコンピュータプログラミングを設計できるプログラマー、ＡＩが生成したコンテンツを読んでユーザー体験を評価することができるデザイナーなどが求められるようになるだろう。この意味で、ジャーナリズムの仕事はＡＩに置き換えられることはない。むしろ、ＡＩはジャーナリズムの任務を補完してくれるのだ。

・**自動化担当記者**：ＡＩを使って編集の仕事を効率化し、編集における信頼性を担保する責任をもつ。コンテンツの自動化の過程を管理し、ニュースデスクやエンジニアのチームのような働きも行うことで、自社内の体系に自動化された記事をシームレスに統合するのである。自動化担当記者は通常、ジャーナリズムとコンピュータサイエンスという2つのバックグラウンドをもつ。

・**コンピュータジャーナリスト**：データサイエンスの知見を活用して、高度な解析や調査を行うことに責任をもつ。技術的なスキルをもっていないものの、特定分野の専門知識をもつ記者と連携する機会を持つことの重要性を非常に認識している。

・**報道ツールのための管理職**：新しいツールの導入に関する調達、ツールの使い方をジャーナリストに教えるという責任をもつ。この人たちが存在することで、報道部は記事のトレンドや技術、プラットフォームの動向を常に把握することができる。また、こうした開発がジャーナリストに対して有用かどうかを継続的に評価できるよう支援する存在でもある。

・**AI倫理を担当する編集責任者**：アルゴリズム、さらに訓練データの使用に関する透明性と説明可能性に対して責任をもつ。また、方法論の開示や、アルゴリズムの誤差、バイアスに関連する問題への早急な対処についても、最善策を提示する。

こうした役割を担う新たな人材を雇用する報道機関もあるだろうし、重要な責任を既存の任務に統合させる報道機関もあるだろう。例えば、規範や倫理の責任者がアルゴリズムの透明性に関連する問題に対処する一方で、計画責任者が新たなツールの採用を進めることに関して責任をもつといった具合である。

ケーススタディ：自然言語生成を使った地域版記事

イギリスのPA通信は自然言語生成を使って、地方向けの記事を大量に作り出している。RADARという名前の、自動化ジャーナリズムによる記事制作を大規模に行う新たな会社まで作った。国家統計局や国民保健サービス、他のオープンデータベースのデータを基にした動向も記事に入れている。ロンドンの特別区であるヘイヴァリング（Havering）向けの地方記事の見出しは「英国公衆衛生局によると、ヘイヴァリングの子どもの4分の1以上が、小学校卒業までに肥満になっている」となっている。PA通信のジャーナリストは特定の話題に対するテンプレートを作って、自動化を用いて、それぞれ地域特有の視点から、同じ記事に対して複数のバリエーションを作った。これらに加え、人間の取材先の視点を付け加えることで、データから作った記事に付加的な文脈を加えるというような例も、この先考えられるだろう。

英国公衆衛生局（Public Health England）の統計が示すところによると、2016年4月から2017年3月の間に、6年生児童の23％が通常の肥満とされ、5・3％が重度の肥満とされた。[※1]

それに加えて、6年生児童の16・1％が体重超過とされた。

つまり、ヘイヴァリングの若者の平均44％が、中学入学時に不健康なほど太っているということになる。

また、学校給食がより健康的なものになってきているにもかかわらず、6年生の10〜11歳の肥満児の数は、過去5年間で25％増加している。

この数字は、英国公衆衛生局の全国児童測定プログラムによるものだ。毎年、4〜5歳と10〜11歳の100万人以上の子どもの身長と体重を測定し、子どもの肥満を査定している。

2016年10月に発表されたヘイヴァリング肥満防止戦略評議会（Havering Council's Prevention of Obesity Strategy）2016〜2019では、3つの主要分野を中心に戦略を立てている。健康的な食事を促進するための環境の形成、身体活動と健康的な食事を規範とする文化の支援、そして主に自助努力によって個人に変化を促すことだ。

また、評議会では2年前に、肥満対策に特化するため、常任の下位グループである健康幸福委員会を設置した。

評議会の戦略文書の序文で、ウェンディ・プライス・トンプソン（Wendy Price Thompson）評議員が主張するには、関係者全員が「肥満の蔓延を抑制する」ために懸命に取り組んでいるということだ。

また、こういったことも述べている。

「緊縮財政は、何もしないという理由にはならない。それどころか、行動を起こすべきだという説得力をいっそう高めさえする」

「新たな専門サービスへ投資することが解決策ではない」

「むしろ、健康的な食生活と運動量の増加を促進するために、意思決定を行い、アドバイスし、行動するということを、誰もが毎日少しずつ行わねばならない」

肥満に関連する病気を予防するために参加している40以上の組織の連合体である肥満健康連合（Obesity Health Alliance）の代表キャロライン・サーニー（Caroline Cerny）は、この数字を「驚くべきもの」と表現し、このように述べた。

「今年4月からの清涼飲料水への課税の実施など、政府の政策には一定の進展が見られたが、さらに多くのことを実施する必要がある[18]」

この記事は、地元記者が、自動作成された記事に対する読者の反応や地元の背景情報を加えてできたものの具体例である。この場合、最初の6段落はRADARで自動化されたものである。（公開された記事が載っている）地元紙ラムフォード・レコーダー（Romford Recorder）の記者が、（特別区へイヴァリングの）地元協議会の戦略文書の文言を加えた。最後の2パラグラフは、肥満健康連合のインタビューが元になっている。

大西洋を越えて、サンフランシスコでは、地元ジャーナリズム組織のフッドライン（Hoodline）が同様のアプローチを行っている。民間企業のイェルプ※2（Yelp）からのデータや市の公開されたデータを使うことにより、レストランの開店や不動産物件に関する地区レベルの記事を自動で何千と作り出すのだ。フッドラインにより自動化された記事の見出しの例としては、このようなものがある。「日本食が食べたくてたまらない？　そんなときチェックすべきニューフィラデルフィアの3つのスポット」[19]。

これが1つめのレストランの記述である。

メグミラーメン&寿司バーは、その名のとおり、寿司とラーメンに特化した日本食レストランだ。最近、チャイナタウンにオープン。ラーメンのメニューは、自家製の醤油と豚骨スープを使った醤油豚骨ラーメン、もやし入りの味噌豚骨ラーメンやチキンラーメン、ブラックマッシュルームと卵が入ったスパイシーチキンラーメンなどがある。もっと安いのがいいとなれば、寿司のメニューで、ロブスターサラダ、スパイシーツナ、マンゴー、アボカドが入った「パッションロール」や、サーモン、ツナ、ブリ、キュウリ、アボカド、トビコが入った「オーシャンロール」など、数種類のロールを注文することができる。イェルプのユーザーは、メグミラーメン&寿司に大満足で、現在35件のレビューで星4・5となっている。1月12日にメグミラーメン&寿司バーのレビューを投稿したジョイス・Sさんは、「お気に入りのラーメンスポット。店員さんは親切で、すごく忙しいときも、可能な限りの対応をしてくれます。ここのラーメンは塩分少なめです」と投稿している。また、ナンシー・Cさんは「料理は10分以内に運ばれてきて、量も多くていいです。麺の茹で加減も完璧で、スープは塩分が強すぎず、とても味わい深いものでした。どのラーメンにも半熟卵が追加料金なしで付いてきます！」と投稿している。メグミラーメン＆寿司バーは、金曜日・土曜日は午前11時から午後11時まで、日曜日～木曜日は午前11時から午後10時まで営業。

それから、こちらが2番目の記述だ。記事の構造の類似性や、メニューの記述やイェルプのレビューなどのデータが使われていることに注意して見てみよう。

マグロバーがオールド・シティにオープン。このモダンな寿司店の料理は、日本の味に中国と韓国の影響が少し加わったものになっている。このレストランは、ゲイシャ・ハウスのレストラン経営者でもある夫婦ケン・ジーズ（Ken Szes）さんとコートニー・コーエンジーズ（Cortney CohenSze）さんによるものだ。料理は、まず白トリュフオイルを添えたマグロのクルード、わさび柚子ドレッシングがかかった刺身サラダ、スイートチリとコチュジャンを使ったクリーミーなイワエビといった前菜を楽しむことができる。寿司メニューでは、スパイシーなマグロ、アスパラガス、クリスピーなイワエビが入った「古都」、大根とワサビアイオリソースが入ったペッパーマグロなどの巻物に加え、幅広く握りや刺身が用意されている。イェルプでは46件のレビューで星5つとなっており、注目が集まっている。イェルプのユーザー、アリッサ・Sさんは、1月20日にマグロバーのレビューを投稿し、「今まで食べたなかで最も独創的な寿司でした。最初から最後まで、ワインからデザートまで、すべてがすばらしかった。ワインリストはしっかりしているし、カクテルもすごく面白そう」と書いている。ベン・Eさんはこう記している。「すべてにおいて星5つ！　ここの寿司はすばらしい。品質も味も最高です！　もちろん、レストランの様子も良くて、とてもクールな内装で雰囲気が最高です」。マグロバーの営業時間は、金曜日と土曜日が午後5時から午後11時、日曜日から木曜日が午後5時から午後10時だ。

※1　イギリスでは10～11歳。
※2　各国で展開している飲食店などの口コミを扱うサイト。

誰の署名で書くべきか

これらのテンプレートを執筆したのはジャーナリストだが、自然言語生成のプログラムが最後に記事を出力している場合、こういった疑問が生じるだろう。つまり、誰のクレジットにするべきなのかということだ。人間なのか、機械なのか。

この疑問は、まったく解決されそうにない。自動化ジャーナリズムの著述の研究によると、12のニュースウェブサイト間でクレジットに対する考え方が大きく異なるということである[20]。自然言語生成を早くから取り入れたAP通信の編集責任者たちは、読者はプロセスの背後にある機械の存在に気づくべきであると考えている。AP通信は、自動化されたすべてのニュース記事の文末で、この記事は自動生成されたものであると公表している。例えば、次の一節は収益報告を自動で作成した記事に含まれるものである。

> この記事はオートメイテッド・インサイツ（自然言語生成のソフトウェア会社）により、ザックス・インベストメント・リサーチ（金融のデータソース）のデータを使って生成されたものである。

ＡＰのジャーナリストが自動の記事に追加の文を加えた場合、同部分はこうなっている。

> 記事の一部はオートメイテッド・インサイツにより、ザックス・インベストメント・リサーチのデータを使って生成されたものである。

ガーディアンでは、自動の記事には次のような免責条項が付けられている。

> この記事は自動化記事作成システムであるリポーターメイト（Reporter Mate）により、実験的に生成されたものである。

どちらの場合も、署名はロボットということになっている。

一方で、ＰＡ通信とＲＡＤＡＲの自動化担当の編集責任者の考えによると、各記事はテンプレートを書いた人間の記者の手によるものであるため、機械にクレジットを与える必要はないということだ。

記者と自動化プロセスの両方を分かるようにするという、第３のモデルがウォール・ストリート・ジャーナルによって行われている。例えば、１０００近くの大学に関する記述を自然言語で作り出すプロジェクトでは、方法論を示した欄に次のような注意書きを出している。

> これらの記事は、ウォール・ストリート・ジャーナルのケビン・マカリスターとフランチェスコ・マルコーニ※が作ったテンプレートとウォール・ストリート・ジャーナルおよびＴＨＥの大学ランキングのデータからオートメイテッド・インサイツで制作したものである。すべての方法と、ウォール・ストリート・ジャーナルとＴＨＥの大学ランキングの今年のデータに

関してはこちら［すべての方法のページへのリンク］。

このウォール・ストリート・ジャーナルの場合、記事がどのように制作されているかを公表しているだけでなく、データを収集するプロセスの背後にある方法論まで説明することにした。

ニュースの自動化が一般的になれば、こういった公表はもはや必要ないと報道機関は主張するかもしれない。しかし、データを核として使っている他の記事と同様に、読者・視聴者が完全に理解できるやり方でアプローチを説明することは重要になるだろう。例えば、世論調査の記事に、誤差の範囲や母集団の大きさ、その他の統計的な落とし穴に関する注意事項を含めるというのが、その典型例である。

しかし、読者は自動化された記事を、人間のジャーナリストが書いた記事と比べてどう受け止めているのだろうか。ドイツの研究者であるマリオ・ハイム（Mario Haim）とアンドレアス・グレフェ（Andreas Graefe）の研究によると、被験者は人間が書いた記事の方が読みやすいと考える一方、信頼性という点では自動化された記事の方を好むという[21]。

※　タイムズ・ハイヤー・エデュケーション：世界大学ランキングが英タイムズの付録冊子として毎年秋に発表されている。

自然言語処理：テキストの複雑性を理解する

ＡＩ記者さんは、最近、俳優の名前、経歴、出演した映画や番組、給料、興行収入などが含まれる何十万もの文書、映画情報のデータベースにアクセスできるようになった。

「俳優の経歴と興行収入の関係性をただちに見つける方法はないか」と、編集長がＡＩ記者さんに尋ねた。

ＡＩの領域のひとつである自然言語処理（ＮＬＰ）は、１９５０年代から存在する分野だが、こういった状況で役に立つ。自然言語処理は、文章の構造を認識し、テキストの意味を理解し、文書内の人や場所、組織、概念を特定する。自然言語処理を使うことで、ＡＩ記者さんは、ある傾向をすぐ見極めることができた。それは、東海岸に生まれた（場所）アメリカの人気俳優（人）主演の映画は、他の地域で生まれた俳優が主演のものと比べて18％興行収入が多い（数字）というものだ。

この例のように、自然言語処理は、実物間の相関関係の解析や、知識の収集、さらにはファクトチェックを迅速化させる。このテクノロジーは、報道機関が大量に情報の統合を試みるなかで、ますます有用なものになるだろう。

・オンラインメディアのＶｏｘは、このタイプのテキスト分析を使って、８つの州のオバマ元大統領の一般教書演説を比較した。[22]「経済」「仕事」「戦争」などの用語が使われる頻度を定量化することで、それぞれの年で最も一般的なテーマを特定した。自然言語処理を使った一般教書演説の解析は、ナショナルポスト（National Post）、ニューヨーク・タイムズ、ファイブサーティエイトでも利用されている。[23]

・ウォール・ストリート・ジャーナルは、ＧＥの株主レターの年次報告を解析して、現ＣＥＯと２人の前ＣＥＯ、合わせて３人の言葉の使い方を理解しようとした。[24] このアプローチでは、ジャーナリストは、巨大複合企業を率いてきたそれぞれの重役が好んで使うキャッチフレーズを特定（定量化）することができる。例えば、付加製造法（3Dプリント）という言葉が2017年ジェフ・イメルト（Jeff Immelt）によって7回言及されているが、彼が退いた後の後継者は、2年間で4回しか使っておらず、おそらく、これは優先順位を戦略的に変えたものであると考えられる。

・ビジネス誌クオーツ（Quartz）は、カーシェアリングの会社であるリフト（Lyft）の新規公開株式の書類を同様の方法で査定した。[25] いずれの場合も、頻出する単語を調べることで、企業が関心をもつ課題を読み取ることができる。

・自然言語処理を使って大量の文書に埋もれた特定の傾向を見つけ出す手法を、ニュースデイ（Newsday）は警察の職権濫用を調査する一環で使った。[26] 記者はテキストマイニングのツールを使って、ニューヨーク州の1700の法案を調べ、州議会が警察を監視する法律を通す頻度の低さを示すことができた。

・AP通信の記事のなかで、データジャーナリストのジョナサン・ストレイ(Jonathan Stray)はテキスト分析ツールを使って、イラクでの民間の安全保障契約に関する4500の未分類の文書を調べた。その結果は、「アメリカはこうした民間契約をなぜ、いつ結んだか」という記事としてまとめられた。[27]

自然言語処理は、ワークフローの効率を上げるために活用することができる。例えば、ハースト新聞社は、サンフランシスコ・クロニクルやオールバニ・タイムズ・ユニオンといった30以上のローカルメディアを持ち、一日に何千という記事を出しているが、自然言語処理を使って、記事のメタデータを自動的に追加し、それを使用する記者の時間を削減している。

最後に、自然言語処理の技術により、報道機関は要約を自動化することができる。例えば、ブルームバーグ(Bloomberg)はスマホアプリに機械が生成した要約を付ける「速報」機能を搭載した。「その時々の最新ニュースを素早く得られる完成度の高さと、見出し以上のニュース全般の要約」を読者に提供するのだ。[28]

自然言語処理は、文章のパーソナライズに加え、言語間の翻訳でも試されている。

しかし、自然言語処理は魔法の杖ではない。文章のパーソナライズは、特定の論調や、文体、政治的立場をも再現し得る。マーケティング会社は、特定の個人や人口動態と関連するコンテンツを生成するために、パーソナライズを使用するケースが増えているが、ジャーナリストは注意深く検討したうえでこうしたことを実施する必要がある。ニュースの世界では、文章のパーソナライズの影響により提起されるであろう重要な倫理問題がある。パーソナライズが進みすぎると、必然的に情報のフィルターバブルを招き、人々の意見の二極化を避けられなくなる。

自然言語処理を用いた言語間の翻訳にも、問題はつきものだ。AI記者さんは、これを独学で習得し、英語からスペイン語への自動翻訳を試みたが、スペイン語の部署の編集責任者は、翻訳の質に不満をもらした。このシステムでは、文化的なイディオムや、そのメディアが好む特定の文体を翻訳するのは非常に難しかった。というのも、AI記者さんが利用したのは標準的な翻訳サービスであり、自分たちのコンテンツについては学習していなかったからだ。AIのモデルを最適化する際、適切なデータセットを使うことが必須になる。使用するケースに特化されていればいるほど良いのだ。実際、AI記者さんが、多くの英語とスペイン語の記事を訓練データとして与えると、イディオムを翻訳する性能を上げることができた。その場合、自然言語処理により複雑な文に対して、何をすべきで何をすべきでないかを、ＡＩ記者さんは自ら指示する必要がある。

Column

ケーススタディ：ニュースメディアで使われている言葉を理解する

２０１７年10月にラスベガスで起きた銃乱射事件で、58人が亡くなり８５１人が負傷した。この事件に関して、メディアが加害者を描くのに人種や民族で偏りがあるのではという議論がピークに達した。クオーツは、コロンビア大学のデータサイエンティストと連携しＮＬＰ（自然言語処理）のアルゴリズムを使って、銃乱射事件がラスベガスで起こりニュースになってから直近2日間、１４１時間に及ぶ主要なテレビ局の事件を扱ったニュース報道を分析した[29]。それらの書き起こしからソフトウェアが調査したのは、今回の事件の記述における言葉の使い方と加害者の人種との相関関係についてである。今回の加害者に対しては、いくつかの言葉が他の加害者よりも多く使われていて、人種と民族に依拠したものになっていることが分かった。例えば、「過激」という言葉は、銃撃者が非白人だと特定された事件の説明でかなり多くの頻度で使われていた。さらに、27の銃乱射事件をすべて分析したところ、ニュースの報道は容疑者が白人だと判明すると、その家族に言及する傾向があるということが明らかになった。

スピーチ：声を通して情報にアクセスする

ＡＩは、ニュースの収集と、新しいプラットフォームでキュレーションされたニュースをより効率的に配信することの両方に役立つ。音声システムが果たす役割は、後者の例になる。話し言葉を理解し新たなプラットフォームにコンテンツを配信し、また、書き起こしなど手間のかかる仕事の支援も行ってくれる。

インターネットの画面を「カーソルでクリック」していたときは、デスクトップパソコン向けのウェブサイトが全盛だったが、今日では、インターネットは「画面をタッチ」する段階に入っている。スマホのデバイスやアプリが市場を席巻し、画

図2.7／人々が使用するデバイスは、情報の消費方法とコンテンツの公開方法に影響を与える

デスクトップパソコン：
カーソルでクリック

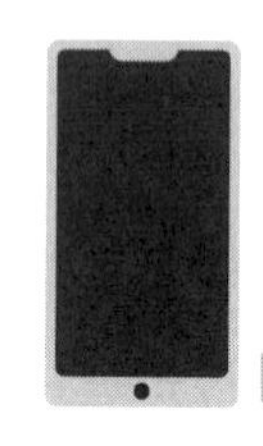
スマホ：
画面をタッチ

スピーカー：
声でコマンド

面をタッチすることでやりとりが行われている。そして、「モノのインターネット（Internet of Things）」など、ネットにつながったあらゆる種類の端末や経験を通して、今や、声でコマンドを送ることができるという第三のフェーズに突入している。こういった音声のコマンドは、バラバラだったオンデマンド体験を結びつける可能性をもっている。コンテンツを選び、スマート家電、音声アシスト、コネクテッド・カーなど、プラットフォームを横断して、読者・視聴者が自由にコンテンツを選択し、消費できるようになるかもしれない。ロイタージャーナリズム研究所の調査によると、アンケートの回答者（伝統的な大手報道機

関の編集責任者40人、CEOか経営責任者30人、デジタルの部門長30人）の78％が、「声は、次の数年で、メディアがアクセスされる方法を変えるだろう」と信じているのだ[30]。

これらのデバイスは、AIのスピーチ技術に依存している。アマゾンのアレクサやグーグルホームのようなスマートスピーカーは、ユーザーの音声を処理して、録音した音声を一連のコマンドに変換する。「最新ニュースを教えて」や「バスケットボールの試合のスコアを教えて」といった質問の意味をシステムが理解するためには、自然言語処理により言葉そのものの定義に加え言葉同士の関係性についても扱う必要がある。

スマートデバイスは、質問の言葉を解析し、ニュースのアーカイブや記事（天気予報やスポーツの記録）など特定のデータセットから正しい答えを引き出して、最終的にテキスト音声合成の技術を使ってユーザーに語りかける。

この技術は、CNNのフラッシュ・ブリーフィング（最新ニュースへのすばやい更新）や、ワシントンポストの時事ニュースのクイズ、ハーストのレシピと生活アドバイスなど、異なった種類の音声コンテンツを配信するために利用されている。調査会社ボイスボット（Voicebot）の2019年の調査によると、13・4%のユーザーがニュースやスポーツを聞くためにスマートアシストを毎日使っているという。[31]

スマートスピーカーだけでなく、ブルームバーグのような報道機関は、各記事の自動オーディオバージョンを、オンライン記事に埋め込まれたオーディオプレーヤーを通して提供している。このアプローチにより、メディアは自分のパソコンやスマホでニュースを聞きたい消費者を取り込むことができるのだ。

スピーチ技術の分野で進化が見られているものの、重要な疑問は残っている。AIシステムが自動的に複数の情報源から事実を抽出し、音声というまったく新しいフォーマットに集約することができた場合、そのコンテンツの権利は誰のものなのかという疑問である。

テックジャイアント※は、ウェブ上のニュース記事を取り込んで、自分たちの個別のトピックとしてニュースのデータベースを作っているかもしれない。例えば、こうしたプラットフォームは、政治家に特有の論点や政策の立場を抽出・カテゴリー分けし、元の情報発信者には報酬を支払うことなく、オンデマンドで記事を配信することができる。AIインターネットの時代に、メディアにおいては、フェアユースやコンテンツの不正利用に関連した懸念点が再燃する可能性もある。

※　IT企業の巨人たち。影響力が大きいテック企業のこと。

テキスト音声合成：音声のニュースを最適化する

メディアはサーチエンジンやSNSに対してコンテンツを最適化してきたように、今後、自らのコンテンツをスマートデバイスでどのように再生するのかについて戦略を立てる必要がある。

最適化という点で、報道機関において3つの具体的な実践が必要となる。「データの構造化」「ニュースの分類に沿って機械に文脈を学習させること」「発音ガイドや文体の改善」である。これらの方法は、特にコンテンツの配信戦略を決める責任編集者にとって重要となるだろう。

1. 構造化されたデータ

記事で言及されている実体（人、場所、データ、組織）間の関係を示す、構造化されたニュース記事や内部知識データベースを作ることとは、報道の全領域を越えてカテゴリー化されたデータベースを作ることを意味する。そのためには、テキストを主題や文体などといった事前に設定されたカテゴリーに分類する「エンティティ抽出[※1]」と、ある文章で議論されている話題が何かを明らかにする「トピックモデル[※2]」と呼ばれるテキスト分析がある。どちらのプロセスにおいても、ニュース記事のアーカイブを整理することができるし、音声デバイスを使えばさらに簡単になるだろう。

2. ニュースの分類

ニュースの分類とは、記事やニュースをカテゴリーに分ける方法である。簡単にいえば、コンテンツにタグ付けを行うことである。こういったものには、ニュースの種類（政治、スポーツ）、関係者や組織（フランス大統領、国連）、テーマ（財政政策、サッカーワールドカップ）などが考えられる。しかし、こうした核となる種類のタグ付けとは別に、ニュースが消費されるべき文脈が何かを指し示すような分

図2.8／テキストの記事を音声アラートに変換するプロセスは、ニュース分類と発音ガイドによって最適化することができる

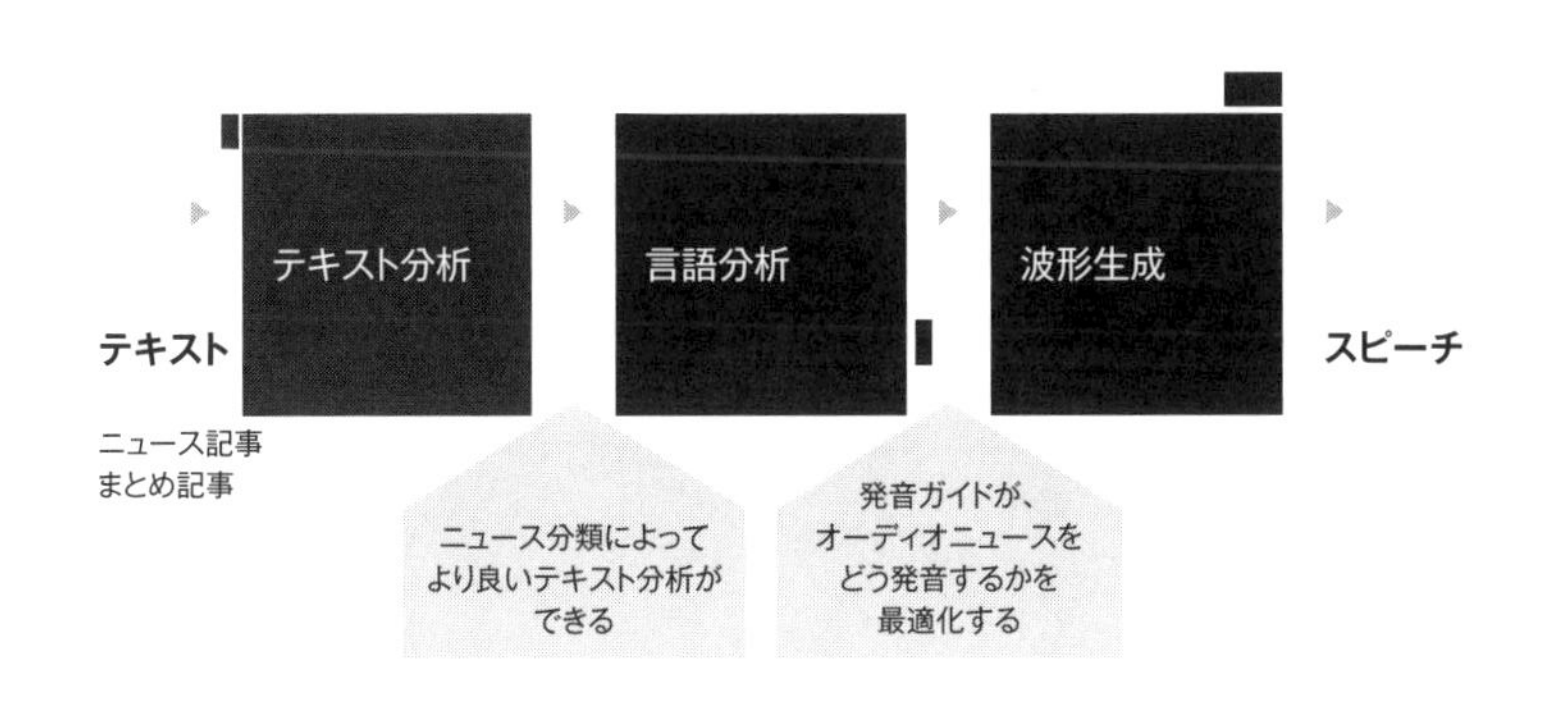

類も目下、行われている。例えば、朝はまとめニュースが適切だとしても、夕方以降は長い記事が向いているという具合だ。この種の状況別分類が重要なのは、スピーカー、コネクテッド・カー、スマート装置が情報を特定の用途で流すことができるからである。これは、メディアの側にとっては、ユーザーが特定のニュース項目を探しているときに、自らのコンテンツをより検索されやすくするプロセスのひとつなのである。

メディアがスマートマシンにコンテンツを配信するときのデバイスの発話方法は、カテゴライズされた言葉、つまり分類に依

拠している。言葉は、人または場所、さらには日付など、どれを指しているかを表すカテゴリーに整理され、その後、出力される。音声配信のジャーナリズムでは、この出力（記事だったり、別のかたちでのニュースコンテンツだったり）が今度は機械によって解釈され、末端の聞き手に届けられる。

3．発音ガイドと文体

新たなデバイスは、テキスト音声合成の技術に依存することで、ニュースを読むことができる。場合によっては、人や場所の名前が通常の読み方をしないために、システムには発音のヒントやガイドを学習する追加的な補助が必要になる。ニュース項目に海外の人や組織の名前が含まれている場合は特に重要になる。こういったデバイスで特定の名前を発音することが大変難しいのは、ユーザーがセットアップ時に選ぶ言語や会話に関するデフォルトの設定（例えば、アメリカ英語かイギリス英語かなど）があることに起因している。音声デバイスの言葉と会話は、限られたプロセスを経た発話方法[※3]でプログラムされているため、選ばれた言語のパラメータには適合しない場合、名前をどのように発音するべきかを理解するには限界がある。

※1　システムが扱う対象物のことを「エンティティ」といい、「エンティティ抽出」とは、テキストのなかから名前や場所など特定のエンティティを識別し抽出することをいう。
※2　機械学習により、単語の共起関係から文書の潜在的なトピックを推定する手法。
※3　原文では発音化phonetizationと韻律論prosodyという専門用語が使われているが、要は発話において音やリズム、アクセントなどがどう読まれるかということ。

音声書き起こし：文字起こしと翻訳のスピードを上げる

音声書き起こしシステムを使うことで、記者やデジタル担当のプロデューサーは、文字起こしやキャプション付けのような時間のかかる単純作業の仕事を自動化することができる。何時間もかけてインタビューのビデオや音声を聞き、相手が言っていることを手作業で書き起こす代わりに、記者たちはＡＩを使って自動で文字起こししたものを手に入れることができる。

昔は、ＡＩ記者さんは、スマホで録音したファイルをコンピュータにアップロードし、再生し、早送りし、止めて、巻き戻し、再生して……を繰り返し、特定の言葉を見つけ出す必要があった。新しいアプリケーションでは、AI記者さんは、ボタンを押すだけで一節をハイライトさせることができ、文字起こしをチェックしたり、引用の箇所を選択したり、会話を分析したりといった日常的なポスプロ作業※をより簡単に行うことができる。

BBCが開発したALTOは、テキスト音声合成の技術を使って、複数言語でビデオのコンテンツにナレーションを付けるツールである。[32] そのソフトウェアは、ビデオコンテンツを処理して、ナレーションの文字起こしをし、編集責任者のチェックを受ける。その後、発話技術を使うことにより、自動的に異なる言語で合成音声を作り出すことができるのだ。ABCやニューヨークタイムズ、ESPNなど他の報道機関は、トリント（Trint）というALTOに似たAIソフトウェアを使って、インタビューの音声ファイルから文字起こしをリアルタイムで行っている。

この技術があれば、AI記者さんが議会の委員会に出席するときも、報道のプロセスは労働集約的ではない方向に向かうだろう。普通に考えると、3時間の会議の書き起こしを行うのは悪夢だ。しかし、音声から文字を起こすソフトを使用することにより、即座に3時間分の文字起こしを作成することができ、AI記者さんは単に画面をクリックするだけで、会議における関連箇所がハイライトされる。今やAI記者さんは、帰宅後、3時間の録音を文字起こしする必要だけでなく、聞く必要さえないのである。

※　番組などで行う込み入った後処理の編集作業をポストプロダクションといい「ポスプロ」と略す。

情報収集：人間の眼では確認できないものを見る

コンピュータビジョンや画像認識AIにより、肉眼では見えないものを記録することができる。そのようなツールを使うことで、報道機関は制作や画像・動画編集の速度を上げることができる。同時に、肉眼での識別は難しく、記録するのには膨大すぎるような視覚的な手がかりをデータとして記録することで、ストーリー全体を浮かび上がらせることができるかもしれない。

AI記者さんはコンピュータビジョンを使って、列車の車両に付けられた有害物質の標識を認識させることにより、放射性物質を積んだ列車を追跡した。もし、国の交通委員会が「危険物を運ぶ列車は学校の授業時間に（特定の）村を通過していない」と、主張しているのであれば、このようにするといいだろう。コンピュータビジョンのアルゴリズムが有害物質を運ぶ列車の特徴を認識できるようであれば、数日、数週間、数カ月の単位で自動的にこうしたデータを蓄えることで、この主張が本当かどうかを突き止めることができる。

他のプロジェクトとしては、このような例がある。ＡＩ記者さんは、自分の町なかにある落書きをマッピングすることに興味をもち、パターンや色、発生率が近所でどのように変わるかについて記録した。コンピュータビジョンを使って、グーグルマップのストリートビューの何年にもわたる画像を解析することにより、町のどの地域に最も落書きが存在しているかを確認できるだけでなく、再開発や都市化、産業化の結果起こった変化を調べることができ、オンラインニュースならではの双方向の経験を通じて発見したことを伝えることができたのである。

また、画像認識により、ＡＩ記者さんは自動的にリアルタイムで写真やビデオのタグ付けを行うことができるようになった。ＡＰ通信やアドビのような大量の写真のアーカイブをもつ会社では、ＡＩは画像検索を向上させるような粒度の高いメタデータを生成することができる。別の例としては、ニューヨーク・タイムズがグーグルと提携して、500万枚の歴史的な写真のアーカイブをコンピュータビジョンを使ってデジタイズ化し整理を支援したものがある[33]。

他のタイプのAIにおいても、システムがどのように設計されているか、またその学習に使用されるデータについて、ジャーナリストは注目しなければならない。MITとスタンフォード大学の専門家によって行われた研究結果によれば、肌の色や性別が異なる人の画像を解析するAIが示したのは、肌が濃い色の女性の写真の場合、システムが間違えてラベル付けしたのが34%だったのに対し、明るい色の肌の男性の場合は0・8%しか間違えなかった[34]。こうした研究結果に対する応答として、IBMは多様な背景をもつ人間の顔を解析するための100万枚の画像データベースを新たに公開した。

このようなシステムでは、開発のためのAIの学習やプロトタイプにバイアスが反映されることは避けられない。最終的な決定をジャーナリストが行い、定期的に結果をモニターすることにより、ソフトウェアに潜在する問題が世に出る記事に反映されないようにすることができる。ジャーナリストは、モデルの評価プロセスを

「問題が発生し得るのはどこか」という問いかけから始めなければならない。人の写真を分類する場合、性別、肌の色、髪の長さ、他にも眼鏡やピアスなど、個人を写した画像は様々なテストデータ※で検証される必要がある。

ＡＩは、適切に活用されることで、報道機関の仕事のスタイルを変える可能性をもつ。ジャーナリストはよりスマートにより素早く作業できるようになり、特にポスプロの過程を加速させることになる。

典型的な例として、ポスプロは映像の制作においては最も時間を浪費する過程となっている。数分の映像を作るのに、何日も何週間もとはならなくても、何時間かはかかることになる。

画像認識があれば、映像編集者は生の映像から場面や瞬間を特定することができる。これは、もともと手でタグ付けして行われていた作業であり、複数の人間が行うとしばしば一貫性を保つことができなくなる。12時間分の映像のなかから特定のカットを探すのは、骨の折れる作業だ。編集責任者が非常にベテランでも、12時間の元の映像のすべての重要なカットにラベル付けを行うとなると、数倍もの時間をかけなければならないだろう。ジャーナリストと編集責任者にとって、検索という不必要な過程を省くことができれば、よりジャーナリストとしての本来の仕事に従事することができるようになる。

コムキャストNBCユニバーサルLIFTラボ（Comcast NBCUniversal LIFT Labs）では、AIの専門家が、プロの人間の編集者の専門知識を引き出すことにより、映像編集を簡素化するコンピュータビジョンのアルゴリズムを向上させている。同様に、CBSインタラクティブは映像認識を使って、映像のメタデータを自動付加することにより、コンテンツにおける推薦システムの改善に取り組んでいる。

AI記者さんは自分自身の報道の現場で、複雑な画像認識の機能を使って、地元政治家の集会を撮影した一連の写真から反対運動を行っている人たちが登場する場面を探し出した。画像認識のソフトウェアは、集会に参加する人とは別に「反対運動を行っている人」と特定された人に関して推定することができる。ここでもまた、機械学習と適切な訓練データが最も重要な役割を果たす。それらにとって、プラカードに記された特定の言葉、集会の参加者のうち何人が反応しているか、その顔の表情まで認識できるようになるのである。

Column

AIの性能を総合的に評価するためのチェックリスト

・**精度**：システムは一貫して、信頼できる結果を出しているか。もし誤差が生じているのであれば、それらは詳細に記録されねばならず、是正のための計画を立てなければならない。

・**速度**：一度学習したAIは、素早く中断なくタスクを実行することができるか。スマート・アルゴリズムを活用する目的はプロセスを迅速化することだが、ソフトウェアは遅くなったり、使いにくくなったりすることで、報道の生産性を下げることがときにあり得る。

・**規模**：自分たち以外の部署にも容易に適用可能なソリューションになっているかどうか。非常に特定された、ニッチな、少数の人にとっての問題しか解決へと導かないAIへの投資は避けなければならない。

・**統合化**：既存の報道機関のシステムにも応用できるツールかどうか。ジャーナリストにとって使用できるツールがどんどん増えるにつれ、それらにアクセスするために必要な手順は簡素化される必要がある。ソリューションを報道部で使っているコンテンツ管理システムや別の中央化されたシステムに統合化することも、この手順の中に含まれる。

・**コストパフォーマンス**：データ処理のコストは扱える範囲のものかどうか。AIは巨大な量のデータを必要とし、その分コストがかかる可能性がある。ジャーナリストは、技術者と連携し、クラウドコンピュータのコストを管理する最善の方法を探ることができる。

画像認識ができることは、これだけではない。画像認識は、映像資産に複雑なタグを付けるだけでなく、そのタグをテキストの記事にリンクさせることができる。ここで、テキストを自動でビジュアル化するプラットフォーム（automated text-to-visual platforms）の出番となるわけだ。

同プラットフォームは、マルチメディアの要素を付加するために、テキストの記事の話題を特定し、関係のある映像や画像を探し出す。記者が記事を書いてプラットフォームにアップロードすると、数秒後に元の記事と完全なかたちで関連した映像が完成しているかもしれない。

このようなソフトウェアはすでに存在しているが、画像認識の性能が向上することで、テンプレートどおりのものが出力されるようなことは顕著に減っていき、グラフィックは改善し、ビジュアルのマッチングは精度を上げ、ビデオトランジションも洗練度を高めていく。今日、フランスのフィガロ紙や、ラスベガス・レビュー・ジャーナル、USAトゥデイなどの報道機関では、ビデオ自動化ツールを使って、コンテンツを大量に作り出し、制作フローを簡略化している。報道機関でこの技術を活用することにより、ラスベガス・レビュー・ジャーナルでは、平均して各月400を超える映像を制作し、対前年比で月平均の映像数は372に増加している。[35] 読者・視聴者のエンゲージメントとして表れている良い結果のひとつとして、ツイッターでの映像回覧数が220%増加したことが挙げられる。ウィビッツ（Wibbitz）のようなオンラインツールは、写真や映像の視覚要素を認識したうえで、それに合わせて事前に自然言語処理によって生成したテキストの説明書きを自動的にマッチングさせている。

映像を自動制作すること自体は簡単ではあるが、ジャーナリストは視聴者に視覚要素を多く与えすぎているというリスクも自覚しておく必要がある。たしかに読者に対する説明を2つのパラグラフにしたり、図を使って説明したりした方がいい記事もあるだろう。一方で、詳細が書かれた記事と一緒に映像を出したとしても、記事のないものが、第三者のプラットフォームにシェアされることにより、結果として読者・視聴者に対して完全な文脈が伝わらないという危険性がある。

※　教師あり学習においては、訓練用データとテストデータとに分けることが一般的である。テストデータはモデルの学習には使われず、訓練用データのみで学習したモデルの精度を検証する目的で使われる。

ロボット工学：AIで使用可能になるハードウェア

より高度なAIはより高度なデータ入力を必要とするが、今度はそのために高度な計測用ハードウェアも必要となる。カメラ、赤外線技術、ドローン、センサーは、他ではアクセスできないデータを収集できるという点でジャーナリストの仕事を強化するものであるが、これらはほんの表面でしかない。AI記者さんの属する報道部で行われたブレスト会議に話を戻そう。ＡＩ記者さんは、政治集会での各時点で参加者がどれくらい興奮しているかを赤外線カメラで測ることを提案した。それはなぜか。人間は、鳥肌が立つと体温が上昇するためである。ある集団の体温が２秒以内に上昇すれば、演説者の発言に対して聞き手が強い感情的な反応を見せた可能性が出てくる。

新たな装置を使うことにより、人間が把握できないものを測定することは、それほど未来の話ではないのだ。ＡＰ通信はすでに、モーションキャプチャースーツや、ＥＥＧセンサー※、心拍数モニターなどのハードウェアを使って、ニュースの消費者がどのようにバーチャルリアリティのジャーナリズムに参加するかを測定している。これら３つの技術はすべて、研究の被験者が様々なデバイスで異なる種類のコンテンツに接したときに示す、注意とリラックスを記録している。ＡＰ通信はデータサイエンティストと連携することで、コンテンツ制作にどうアプローチすべきかという、ジャーナリストが理解する手助けとなるような知見を引き出した。２０１７年の「ダイナミックなストーリーテリングの時代（The Age of Dynamic Storytelling)」という関連研究のデータによれば、バーチャルリアリティの技術を用いた紛争地域の報道は、被験者に「刺激」を与え、それが同じテーマを扱った従来の記事を読むよりも長く続くということが分かった。一方で、科学と環境の記事では、高いレベルのリラックス効果によって、より人の心が開かれるということだ[36]。

読者・視聴者のエンゲージメントを測定し、コンテンツ戦略に役立つだけでなく、AIを搭載したロボットは調査報道の仕事を支援することができる。2016年ピュリツァー賞を獲得した調査報道に、東南アジアの漁業で労働者を酷使していたことを暴いたものがあるが、これはAP通信が商業衛星の会社デジタルグローブと提携したことが決め手となった。ディープラーニングと物体検出のアルゴリズムを使った衛星軌道上のデバイスが、奴隷を運んだボートを追跡したのだ[37]。ジャーナリズムと技術が合わさることにより生まれたこの取り組みの結果、監禁され強制労働に従事させられた2000人以上の人々の解放につながった。

AIを搭載したハードウェアは、ニュース収集の新たなアプローチも可能にする。ウィスコンシン州メディソンの地元紙・キャピタルタイムズ（The Capital Times）は、コルチコ（Cortico）が開発した音声録音装置を活用して、少人数の会議での会話を収集した。この「デジタル井戸端会議」により、他のグループからの抜粋を自動的に再生し、新しいアイデアに触れさせることで、ジャーナリストはインタビューが実施できるようになった。このデバイスはオンラインのプラットフォームにつながっていて、繰り返されるテーマの言葉を特定することができ、記者が地域コミュニティからユニークな視点を引き出すのに役立つ。このように集められた録音の特定の部分が「地元の声のネットワーク 公共共通機関を良くするべきだという声が高まる」というような地元ジャーナリズムの記事として使われるのだ[38]。

他の業界では、ロボット工学により、写真や映像の撮影プロセスが自動化されているところもある。ウォルト・ディズニー社は機械学習を使ったカメラによって、バスケットボールとフットボールのテレビ中継を改良させている。こうして自動化されたデバイスは、人間のオペレーターからプレーヤーの動きをどう追いかけ、シーン間でのスムーズな動きをどう生成させるかを学習する[39]。ディズニーによれば、こうした取り組みの目的は、人間がスポーツをより意識して撮影できるようにし、あらゆる試合をカバーするために必要なカメラの台数を減らすことであるという。

※ 波を記録できるセンサー。

AIの闇の側面：合成メディアと次世代の偽情報

2019年1月、シアトルのテレビ局が、執務室で視聴者に対して舌を突き出すトランプ大統領（当時）が映った映像を流した。その映像を調べたところ、実際の映像とフェイクの映像が、つぎはぎされて作られた加工映像であることが判明した。その映像を公開した従業員は、その後クビになった。[40]

ディープフェイクの映像は、AIを使ったコンテンツ生成の新たな落とし穴のひとつである。ディープフェイクとは、AIの力を借りて生成もしくは変換された画像や音声ファイルのことを指し、本物であると視聴者に思わせることができるものである。最近の例は、情報戦にも使用される可能性のある新たな技術の危険性を示すもので、すでに非道な目的に使用されている。

ディープフェイクは、オープンソースのコードとツールにより技術がどんどん身近なものになるため、近年、注目されている。例えば、ディープフェイスラボというオープンソースコードのサイトによって、ユーザーは映像のなかの話者の顔を簡単に入れ替えることができる。[41]

次世代の偽情報は、厄介なものになりそうである。例えば、フェイクビデオのなかで、政治家が物議を醸し出すような発言を行ったり、犯罪に人が巻き込まれたように見せかけたりすることもできる。画像生成ツールにより、実際には集会に参加していない人を表示させたり、アーカイブの画像を加工して嘘の歴史をでっちあげたりすることもできるかもしれない。フェイク音声で、本人がまったく信じてないことを有名人に言わせることもできるかもしれない。こうしたシナリオに、マーク・ワーナー（Mark Warner）やマルコ・ルビオ（Marco Rubio）などの議員たちはすでに警鐘を鳴らしている。

また、ディープフェイクはジャーナリズムの信頼と誠実さにも脅威を与えている。今や、ジャーナリストは、これまでのファクトチェックの過程に時間を費やすだけでなく、映像や画像の証拠が改竄（かいざん）されている可能性についても警戒しなければならない。検証を経ぬまま映像を世に出してそれがフェイクだと分かったり、改竄された情報を取材源としてニュースの記事を書いたりすると、報道部の評判を落とし、報道機関に対する市民の信頼を失墜させることになるだろう。また、ジャーナリストの名誉を傷つけたり、映像を改竄に使われたりするという個人的なディープフェイク攻撃により、報道機関の信頼を失墜させ、脅迫するといった潜在的な危険性にもジャーナリストを晒すことになる。

こういった脅威があるために、メディア偽造というこの新たなかたちについての理解が重要なのだ。脅威への対処として、ウォール・ストリート・ジャーナルは、新たなツールを使ってディープフェイクを見つけ出す方法について訓練を受けた、異なる部署間のジャーナリストたちで構成された犯罪学委員会を立ち上げた[42]。

AIやアルゴリズムの説明責任に関する報道

人工知能を使って記事制作を行うことは技術面における王道であるが、一方で、将来ジャーナリストが、AIそれ自体とその影響について理解して報道することも同じくらい重要となるにちがいない。日々の生活や社会においてAIが占める割合が急速に増え、例えばビジネスで製品の価格を決めたり、政府が犯罪のリスクを判断したり、医者が治療法の調整に使ったりするため、読者はそういった新しい技術の意味を理解するために、報道機関を利用することになるだろう。

ピュー研究所によると、アメリカ人は人々の生活に重要な決定を下すコンピュータプログラムの公平性と有効性に懸念を抱いている。概要としては、アメリカ人の58％が、常にコンピュータプログラムは人間のバイアスをある程度反映していると感じている。

数学者で作家のキャシー・オニール（Cathy O'Neil）に言わせれば「アルゴリズムとはコードに埋め込まれた意見」である。[43] AIは監視もほぼなく大規模に実装されることがよくあるため、AIソフトウェアは人間と同じ誤差やバイアスが生じやすく、不平等を助長する可能性さえあるという認識が広がりつつある。プロパブリカが行った機械が生成した犯罪リスクスコアに関する調査報道では、このソフトウェアが黒人の被告に対してバイアスがあると報告されている。[44] アルゴリズム主導の社会では、ソフトウェアが説明責任を果たすために、このような性質の報道がますます必要とされるだろう。

アルゴリズムによる説明責任の報道における課題として、一般の読者向けに複雑なソフトウェアについて記事を書く際に、技術的な知識のギャップをどう埋めるのかというものがある。アルゴリズムを多くの読者層に向けて説明するのは難しい。それは、技術的な知識が必要であり、新しい知識はすぐに変わっていき、民間企業は業務の詳細を表に出さないことが多いためだ。アルゴリズムによる計算は複雑であるため、あるアルゴリズムがどのようにして特定の結果にたどり着くかを突き止めるのは非常に困難とされている。特に懸念事項になるのが、飛行機や橋の安全性の評価など、政府による広い範囲で影響力のある決定にアルゴリズムが使われる場合である。

Column

AIで映像が偽造されているかどうかを見極める際のポイント

・被写体の口や顔の周りのちらつきやぼやけ
・不自然な影や光、または不規則な動き
・被写体の顔と体型の相違
・発言と唇の動きの不一致

将来、記者はＡＩを使うことに関する新しい見解を伝えると同時に、その作用と影響について説明する必要がある。そして、ＡＩ自体は自分の行動決定を説明できることはめったにないために、その困難さはさらに深刻なものとなる。ノースウェスタン大学のコンピュータジャーナリズムの教授であるニコラス・ディアコプロス(Nicholas Diakopoulos)は、こうした「アルゴリズムは不透明なブラックボックスのなかにあって、内部構造、つまり内部の〝思考〟は複雑さというレイヤーに隠れてしまっている」と指摘する。[45]

ＡＩのシステムは、特定の機能を実行するために設計されており、どう動くかを説明するために設計されているわけではないため、これはそのとおりであろう。

ニューヨーク・タイムズ紙は、「ＡＩは自分自身を説明するように学習できるか」というタイトルの記事で、アルゴリズムの説明責任という一分野の限界について説明している。[46]こうしたブラックボックスを調べ上げて、読者にその発展の動向を伝えていくことは、ＡＩ報道の重要な目的である。

アルゴリズムが広く使われたり、失敗を起こしたり、人間がそれを悪用したりすると、差別や収益損失、プライバシー侵害など重大な結果を招くことになり得る。それらはすべて、日々の生活に影響を及ぼすため、調査報道に値するような実例ばかりである。アルゴリズムに関する報道はまだ始まったばかりではあるものの、組織や政府によるアルゴリズムを使った技術の採用が広がっていくことで、ますます重要になってくる。

アルゴリズムの説明責任を報じた例が、ドイツの公共放送による信用格付けの自動化に関する調査報道である。(47) 調査員たちは、自動化された格付けシステムを監視する方法として、ドイツの秘密の格付け会社であるシューファのデータをクラウドソーシング[※1]で集めることに目をつけた。政府や他の格付け会社は、このような方法論を試すことさえできなかったのだ。

機械によるバイアスとアルゴリズムの不公正に関するプロパブリカの一連の報道が、多くの自動化プロセスの本性を明らかにした。ある報道では、プロパブリカがニューヨーク・タイムズ紙と組んで、オンラインの求人広告のアルゴリズムによる表示が年配の労働者を差別するという証拠を見つけた。(48) 別の報道では、アルゴリズムが行う保険の自動格付けに見られる根本的な矛盾を発見した。非白人が多数を占める場所の郵便番号の住所に住む人の方が、保険料が高くなっていたのだ。

もうひとつの例として、ウォール・ストリート・ジャーナルが出した、アルゴリズムがどう作用するかを読者とやりとりすることで実験して示すというものがある。「あなたが書いたものについてアルゴリズムは何を伝えることができるか」という記事で、エッセイや添え状のようなテキストを入力すると、アルゴリズムが言葉のトーンや感情、他の意味的なパラメータを基に文章の複製を弾き出し、その結果を受け取ることができる。[49] 別の記事では、ウォール・ストリート・ジャーナルの記者がコードに注釈を加えるかたちで、売買に使われるアルゴリズムがどう動くかについて説明している。[50] これらの探索可能な説明図[※2]には、詳細な方法論やソースの解説が含まれていて、読者はスマートマシンの内部の働きやスマートマシンがテキスト分析からどのように意味を導き出しているのかを理解することができる。

典型的には、アルゴリズムの内部構造を明らかにし、その偏りを明らかにすることが、高度なコンピュータジャーナリズムには要求される。高度な技術ツールを使いアルゴリズムのプロセスを調べることがしばしば必要になるが、それは以下のようなものだ。

・データのスクレイピング：アルゴリズムを理解し解析する道筋として、特にコードが公開されていない場合、公開されているデータをスクレイピングすることがある。スクレイピングとは、ウェブサイトから大量のデータを抽出してきて、（スプレッドシートなどの）構造化された形式で自分のコンピュータに保存することである。例えば、ランキングや値段などの公開データによって、ジャーナリストはそこからアルゴリズムのリバースエンジニアリング[※3]を行ったり、少なくともその行動に特徴的なパターンを発見したりすることに役立てる。しかし、スクレイピングがウェブサイト管理者の規約に違反する危険性に気をつけねばならない。フォーチュン誌が報じたように、スクレイピングは、コンピュータ詐欺と濫用に関する法律（Computer Fraud and Abuse Act）に違反するハッキングの一形態であるという主張など、法律的な懸念もあることに注意しなければならない[(51)]。

・**データのクラウドソーシング**：パーソナライズされたアルゴリズムにおいて、データのスクレイピングは難しい。アルゴリズムの行動がそれぞれのユーザーごとにカスタマイズされるからである。こういった場合は、一般の人からデータをクラウドソーシングすることがアルゴリズムをより知るうえで必要になるかもしれない。プロパブリカは、参加した読者にフェイスブックの投稿を回覧した際に自動的にデータを集めるブラウザ拡張をインストールしてもらうことで、フェイスブックの政治的広告に関するデータをクラウドソーシングするプログラムを走らせた。しかし、この方法は物議を醸していて、テック企業はうんざりしている。プロパブリカの場合は、プロパブリカが使っている機能拡張で許されるデータアクセスにフェイスブックが制限をかけたことで、クラウドソーシング活動は終了した。(52)

・**ボットプログラム**：ボットは、それぞれの使用パターンに応じてアルゴリズムが振る舞いをどう変えるかを評価するのに役立つ。異なる場所からログインすることで、ジオターゲティング※4を評価することにつながるといった具合だ。ボットとはインターネット上で繰り返し同じ作業を行うよう設計されたプログラムである。例えば、ウェブサイトを訪問して、特定のボタンをクリックして、画像をアップロードすることさえできる。ジャーナリストは、そういった単純な機能を何百万回も行わせることができるボットを作成することができ、異なる入力のもとでアルゴリズムがどう振る舞うかを人間が理解するのに役立つ。一方、やはり、スクレイピングと同様、ボットを使うことには法的な懸念がある。特に、誤解を招いたり人を欺いたりするような手法の使用の場合はそうである。

AI記者さんたちは、AIを自分の仕事に適用する際、透明性と説明可能性を無視しないことが必須になる。ジャーナリズムにおける実践とは、私たちを取り巻く世界に対して疑問を投げかけることであり、あるソフトウェアが現実世界での決定に関与しているような場合でも、この原則は適用される。人工知能が重要になればなるほど、アルゴリズムを説明可能なものにし、その行動を説明しなければならないという点で、報道機関の存在は決定的に重要となるのだ。

※1　インターネット上で不特定多数の人に業務を発注すること。
※2　原語はExplorable explanation。内容の理解促進のために記事に付けられた、読者が実際に動かすことができるようなシミュレーション画像をいう。
※3　すでにある製品の動作などを解析することで、仕組みや設計を逆算して明らかにする手法。ソフトウェアの場合、コードの解析などに使われる。
※4　発信者の位置情報を特定し利用する技術。

Column

ジャーナリストが自分たちの調査をアルゴリズムに導くための問い

- **カテゴリー**：アルゴリズムは何をするのか（フィルタリング、予測、ランキング、計算など）。
- **目的**：アルゴリズムは何のために最適化されているのか（サイト滞在時間の最大化）。
- **基となるデータ**：アルゴリズムはどのようなデータに基づいているのか、またそこに明らかな偏りはないのか。
- **透明性**：アルゴリズムがどのように意思決定を行うかが明確であり、ユーザーに説明できるか。
- **人間による制御**：迅速に判断し、アルゴリズムに手を加えることができる人間による監視がなされているのか。
- **説明可能性**：アルゴリズムの出力は説明可能か、解釈可能なものなのか。

- **検出されたエラー**：アルゴリズムが犯したミスの事例が把握されているか。
- **公平性**：アルゴリズムによって特定のグループが不利になることはないか。
- **プライバシー**：ユーザーデータは他のユーザーや第三者（広告主や政府など）と保存または共有がなされているのか。
- **堅牢性（ロバスト性）**：敵対的な攻撃やハッキングに対する堅牢性が確認されたか。

3　ワークフロー

――報道機関のＤＸに必要な拡張的プロセス

ＡＩ記者さんが気づいたのは、こうした人工知能のツールに関する真の影響は、自分のジャーナリストとしての働き方を変えることになるということだった。報道メディアにとっての課題には、テクノロジーへのアクセスだけでなく、それを報道の現場に溶け込ませるための正しいモデルを見つけ出すということも含まれる。

現代の報道機関は、単にＡＩを理解するだけでは不十分である。ＡＩがジャーナリズムにもたらす破壊的変化に自らを適合させ、たこつぼ化した職場から、レスポンシブで連携がとりやすい職場へと移行する準備を行う必要がある。

3・1 イテレーティブ・ジャーナリズムとは何か

従来の編集戦略では、顧客を締め出し参加させないことが多かった。これに対して、イテレーティブ・ジャーナリズムは、新たなテクノロジーを導入することにより、読者・視聴者のニーズに合わせてニュース制作のプロセスを変化させる。消費者のデータを理解し、記事の執筆者の仮説を検証することにより、重要な資源を投資する**前に**報道機関は自分たちの記事を評価することができる。このアプローチでは、新たなツールを単発で活用するというよりは、従来の報道のプロセスに新しいテクノロジーを体系的かつ大規模に統合する必要がある。

イテレーティブ・ジャーナリズムの発想は、報道をリアルタイムに調整することで、めまぐるしく変わる読者のニーズに対応するというものである。これは、編集における知見と読者・視聴者のフィードバックを組み合わせることによって可能になる。読者がどのテーマに関心があるかを知ることで、ジャーナリストは読者に対する説明責任を果たすことができる。

図3.1／イテレーティブ・ジャーナリズムは、共感のジャーナリズムだ。読者が何に関心があるかを知るために、読者インタビューや調査、実験、観察などを行う

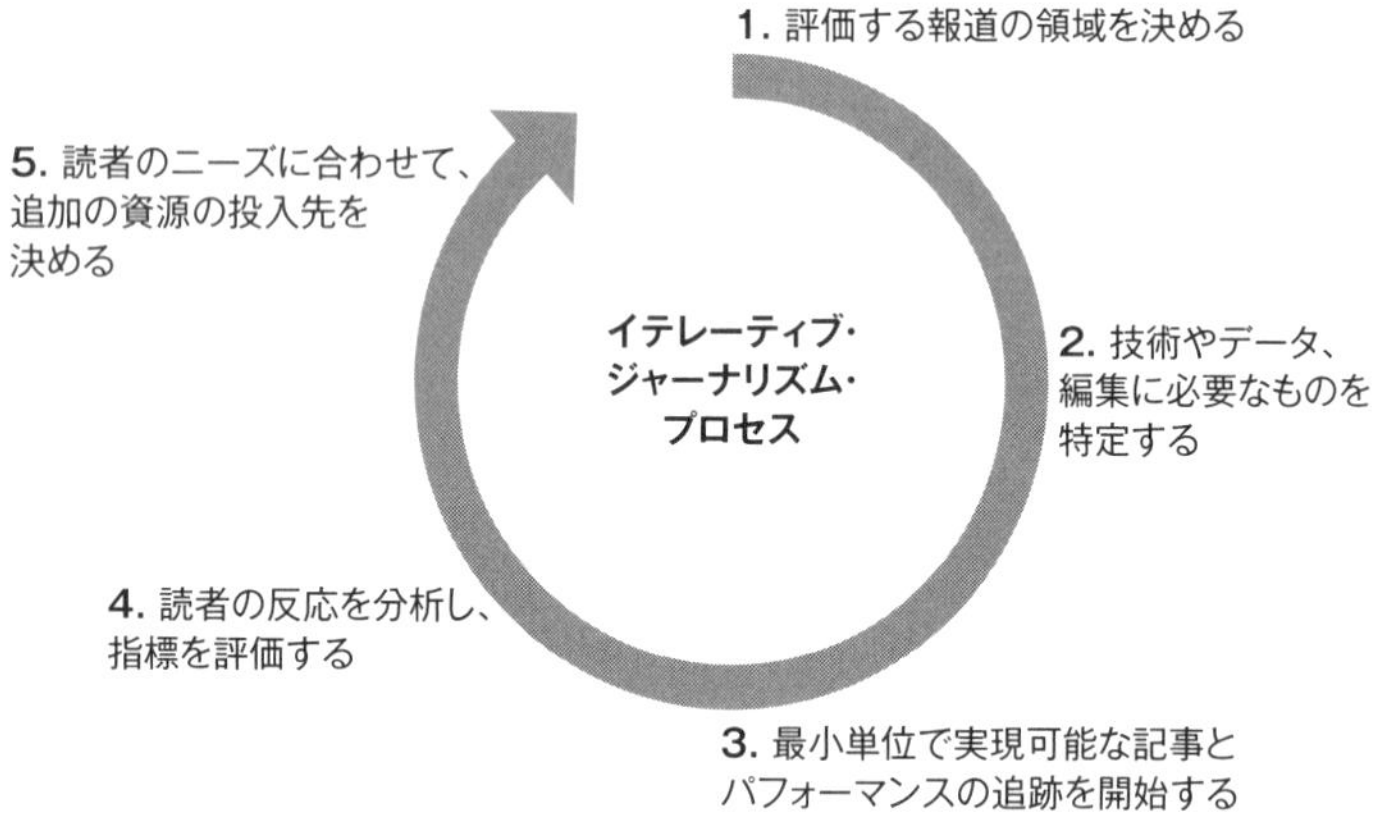

イテレーティブ・ジャーナリズムのプロセスは、実験的なニュースの機会を定義し、必要な編集資源と技術的条件を見積もることから始まる。記事のプロトタイプを立ち上げ読者に与えた影響を測定することで、ジャーナリストはその取り組みがさらなる努力を必要とするものかどうかを評価する。実施するに値するとなれば、それを大規模に行う戦略を立て、日々の管理を行う適切なグループを立ち上げてプロジェクトを引き継ぐ。

「最小単位で実現可能な」記事にすること、読者の理解を拡大させること、R&Dの研究所を立ち上げること、これら3つはそれぞれ、どのようなかたちの記事が最も消費

者に有効なのかを、報道機関が理解するために欠かせない戦略である。

「実用最小限な」記事

２０１８年、チューリヒに拠点を置くメディア企業タメディア（Tamedia）は、テキスト生成ボットを使って、スイスにおける２２２２の自治体の様々な議案に対する投票を報道した。こうしたタイプの報道により、企業は読者がいる場所に応じてカスタマイズされた最新情報を届けることができており、その結果、いわゆるロングテールの読者獲得につながっている。大部分の読者は、選挙結果が自分にとって重要かどうかで紙面に対する興味は様々に変わり得るものなのだ[1]。

この新しい動きが示しているのは、読者の異なる情報のニーズに焦点を定めることが必要なだけでなく、フィードバックが重要であるということである。タメディアは、場所によって報道をパーソナライズすることで、ユーザーのエンゲージメントを高めることができた[2]。

「実用最小限な」記事とは、初期の情報のニーズを満たせる十分な情報で作成されたニュース記事のことである。より広範囲で包括的な記事というものは、初期段階の読者からのフィードバックを考慮して作るしかない。これは通常の記事を作成するのに有効的なアプローチではあるが、調査報道などのジャーナリストの取り組みには適用できない。

ＡＩ記者さんは、記事の自動化を行うのが通常になっているが、特定の話題が読者の興味を引くかどうかを確かめてから、広い意味でのジャーナリストの仕事に大量の資源を投入することにしている。例えば、ＡＩ記者さんは、自然言語生成と最近発表された健康に関するデータベースを使って、何百もの記事を制作している。子どもの肥満についての情報がある記事は、高いエンゲージメントの指標が出ていることから、ＡＩ記者さんはこれが重要そうであると気づく。また、読者のコメントを分析することで、新聞のコンテンツに読者がどのように関わっているかを把握し、イレーティブなアプローチを実施する。このデータに基づいて、ＡＩ記者さんは、子どもの健康に関連する話題をさらに掘り下げることにした。

さらに、ＡＩ記者さんは、「記事を出して終わり」という考え方を乗り越えるよう同僚を説得するようにしている。人工知能を使った実験に関する成功と失敗を詳細に記録することで、過去の仕事から学びを得ようとしているのだ。

読者のフィードバックは、リアルタイムでも起こり得る。ウォール・ストリート・ジャーナルは、ガーディアン研究所と連携して、アメリカ労働統計局の統計に関する新たな記事や通知に反応する読者のフィードバックをすぐに見つけられるようにした。[3] ウォール・ストリート・ジャーナルの実験で、読者はオンライン調査に答えるかたちで反応を共有するよう促される。そして調査で集められたデータは、今後の生中継における戦略や通知をプッシュするタイミングを改善するために使用された。

こうしたアプローチは、これまでのジャーナリズムでは、読者・視聴者のフィードバックが限られていたためだけでなく、報道機関の構造のせいで適用させるのが難しかった。新しいテクノロジーと連携のためのツールにより、イテレーティブ・ジャーナリズムを実施する記者たちは、スクープ競争に明け暮れる必要がなく、より幅広い読者・視聴者層に自分の考えを紹介することができるのである。

それでも、イテレーティブな思考をジャーナリズムに取り入れるためには、バランス感覚が必要となる。テクノロジーの活用と読者のフィードバックを用いることにより、ジャーナリストたちは、ジャーナリズムの誠実さ、発言力、メッセージを失うことなく、どの記事が読者と最も結びつくかを発見することができるのだ。最終的には、イテレーティブ・ジャーナリズムの目的は、消費者のニーズとアウトプットを一致させる力を報道機関に与えることにある。

AI記者さんの会社では、この新しいアプローチを選挙報道やオリンピックといったスケジュールが決まっているニュースで試している。これにより、AI記者さんは、読者の声に耳を傾け、実験を計画し、同僚をこのプロセスに巻き込むことができ、毎日のニュースを制作するという循環から解き放たれたのだ。

Column

イテレーティブなプロセスを取り入れる際に報道機関が直面するリスク

- 効果が実証されている既存のプロセスの破壊
- 変化を嫌う同僚からの反発

・実験や検証のしすぎによる焦点の欠如
・読者からのフィードバックに頼るために、意思決定が遅くなること

強化された読者・視聴者の理解

イテレーティブ・ジャーナリズムは人間のジャーナリストから始まるが、人口統計的なデータのさらに先にある、ニュースを消費するときに個人がどう**感じる**かを理解することが重要だ。一人の人間の年齢、性別、居住地を知ることで、ジャーナリストは何かを知ることはできるかもしれないが、特定のコミュニティにとって重要な話にどのようにアプローチすればよいかまで知ることはできない。

オンラインの読者・視聴者向けの調査やコンテンツ開発における従来のアプローチとしては、定量的な分析に重点をおいていた。報道部はこれまで、一日のうち各時間帯に読者・視聴者がどれくらいいるかを測定し、その人たちの人口統計学的な基本情報にアクセスし、ウェブサイトをどう閲覧しているかをみてきた。ＡＩ記者さんの仮説を検証することはできても、実際に、読者が**なぜ**記事に接触し、**どう利**

用するかまでは教えてくれない。重要なのは、読者・視聴者の行動と価値観を理解することである。イテレーティブ・ジャーナリズムは、共感的ジャーナリズムでもある。つまり、データで読者・視聴者のインタビューや調査、観察で補完し、読者が何人いるかだけでなく、読者が何に関心があるかを学習できる。こういったタスクの多くは、ＡＩの助けによって可能になるのだ。

ニューヨーク・タイムズやワシントンポストでは、人工知能が有害もしくは不快な言葉が含まれるものを自動的に特定して、同じ意見のものをクラスタリングすることにより、特定の読者のコメントに優先順位をつけて、モデレーション※を行っている。これによって、報道部では、何十万とあるコメントの評価が素早く行えるようになり、同時に、読者・視聴者が特定の記事や話題にどのように反応しているかを深く知ることができる。このデータは、将来の報道にも活用することができるだろう。

読者・視聴者の価値観を把握するためには、エンゲージメントのデータのさらに先に行かねばならない。この目的は、読者・視聴者にとって本当に重要な問題や、最も有用な文脈のニュースを特定することである。このような新しい状況では、記者は取材源にインタビューを行うだけでなく、読者・視聴者や同僚までをもジャーナリズムのプロセスに取り込むことに注力しているのだ。

例えば、ビジネスニュース・チャンネルのCNBCは、「ケンショーに聞く（Ask Kensho）」というシリーズを放送しているが、そこでは、視聴者がビジネスに関係する質問をツイートすると、リアルタイムで答えてもらうことができる[4]。これを行うために、テレビ局ではAIを使ったツールを活用して「9万を超えるカスタマイズ可能な行動を読み、6500万以上通りの質問に対する答えを見つける」ことができた。これらの質問は、視聴者はどのような話題に価値を感じているかについて理解することにも使えるだろう。

ドイツでは、ディー・ツァイト（Die Zeit）紙がオンラインの日刊紙購読者にアンケート調査を行い、選挙から抗議集会まで、その時々のイベントに読者がどのように反応しているかを理解しようとした。生成されたデータセットは、ある種の「気分指数」であるが、これによりジャーナリストは読者の感じ方を知ることができ、さらには、データを使った新しいタイプの記事の先駆けとなったのである[5]。

編集の専門知識と読者からのフィードバックを活用することにより、記事制作のプロセスの中心に読者・視聴者を置くことが可能になる。

ジャーナリズムのこうした読者中心のアプローチには、落とし穴がないわけでもない。オレゴン大学の新興メディアを専門とする教授セス・ルイス（Seth Lewis）によれば、外部の視点をジャーナリズムのプロセスに持ち込むことは、報道の緊張感を保っていたニュースのプロと消費者の峻別をぼやけさせてしまうことになり得る(6)。

実際、読者・視聴者のフィードバックが、報道で何を扱うかを決めることに、過剰に影響を与えてしまう危険性がある。周縁化されたコミュニティや複雑なテーマを扱う記事は、大多数の読者にとっては高い関心事にはならないだろうが、社会全体にとっては重要な問題である。

記者自身の使命を見失うリスクを回避するために、ＡＩ記者さんは、この新たな連携のかたちを活用しつつ、ジャーナリズムの誠実性も保てるような、読者・視聴者参加型の枠組みを作らねばならない。

※　投稿内容をチェックして、不適切な投稿を除外すること。直訳は「節度を保つこと」。

R&Dラボ

イテレーティブな文化を導入することにより、報道機関は、新しいアイデアをすぐに試し、重要な存在であり続けることができる。多くの報道機関では、この原則を真摯に受け止めて、ジャーナリストが新たなアプローチを試し、成功事例を広めるために独自の研究開発の機能を設けている。こうしたチームの多くは、人工知能に重きを置いているのだ。

・BBCニュースラボは、半自動ジャーナリズムやテキスト音声合成のツール開発などの学際的な取り組みを行うために設立された[7]。最近のプロジェクトとして、オーディオグラム生成機（オーディオファイルをSNS配信用のビデオに変換するツール）や、あるストーリーについて読者が学ぶための会話のメカニズムを提供するチャットボットなどがある。

・ウォール・ストリート・ジャーナルのR&Dは、AIを活用したツールを開発して、ディープフェイクの検証やアルゴリズムによる透明性の報告などといった新しいプロセスを実装した。チームでは、自然言語生成を使ったコンテンツの自動化や、自然言語処理の最新技術によるテキスト分析ツールに関連した取り組みも行っている。

・ニューヨーク・タイムズの研究開発チームは、翻訳やコンピュータビジョン、センサーといった領域に対して集中的に取り組んでいる。[8] グループでは、AI以外にもブロックチェーンのような新たな技術も研究している。ブロックチェーンは、検証済みのコンテンツに電子透かしを入れることで偽情報を防ぎ、読者にニュースの出どころを理解してもらうために利用することができる。[9]

・クオーツAIスタジオでは、ジャーナリストが機械学習の手法を使って、新たなタイプの記事を作ることができるようになっている。[10] プロジェクトのひとつクアック・ボット（Quackbot）ができることとして「トピックが与えられると、信頼できるデータソースを提示してくれる」というものがある。[11]

・ワシントンポストのR&Dラボが2019年の夏に始めた実験は、コンピュータで行うジャーナリズム技術により、2020年のアメリカ大統領選挙の報道を強化することだった[12]。

このようなグループは、組織の誰もがアクセスできる共有の資源として設立されることが多い。データを使ったリサーチにより課題を解決し、同僚に新たな機会を見つけさせるといったインターフェースとして機能する。

AI記者さんの部署の編集長は最近、部内で同僚が技術者と一緒に働く機会を2週間提供するという奨学金のプログラムを始めた。ジャーナリストは提案を提出し、部門横断的な委員会が評価する。合格者はメンターからの指導が受けられ、AIなどの分野と関係したプロジェクト開発に携わることができる。

Column

R&Dラボを立ち上げるコスト面で効率的な方法

- ニュース業界の外のアカデミックな研究所を訪れ、ベストプラクティスを学び、新たなアイデアを持ち帰る。
- ワークショップを実施し、部門横断的なチームで課題を特定し、新たなアプローチを試す時間をつくる。
- ジャーナリストが一定時間、エンジニアと一緒に働く社内ローテーション制度を設ける。
- 大学やスタートアップ、その他報道機関の外部専門家をスピーカーとして昼食会に招いて、最新の調査や新たなプロジェクトの展開について議論する。

3・2 ジャーナリズムと人工知能のワークフローを整える

イテレーティブ・ジャーナリズムのプロセスは特性上、人工知能のシステムと密接に関連している。どちらもデータを集めることに始まる。そして、ＡＩは文脈を特定し理解するプロセスを加速させるが、このことはジャーナリズムのプロセスにとっても欠かせないものとなる。

ＡＩは、ある分野の報道において実用最小限な記事の制作に役立つだけでなく、特定の話題やテーマへの読者の関心を推測することによって、記事の潜在的な影響力を評価することもできる。例えば、選挙に関する記事のブレインストーミングを行う際、ＡＩ記者さんはＳＮＳでの議論について考えるためにＡＩに頼るかもしれない。それによって、どの話題が流行っているのか、読者が何に興味があるかを知ることができる。この情報をジャーナリストの直感と組み合わせることにより、ＡＩ記者さんは、それまでと異なる重要な切り口を見つけることができる。データはどこにでも存在するが、それがすべてではない。新しいデータによるアプローチでは、しっかりとしたジャーナリズムの方法論に根ざすことにより、正しい文脈で読者・視聴者の理解を深めることができるようになる。これにより、編集責任者や記者は、特定のアイデアやニュース体験における実現可能性について、多くの資源を投入する前に検証することができる。

ニュース・ウィップ（NewsWhip）などのAIを活用したツールを使うことで、ガーディアン紙、ニューヨーク・ポスト、AP通信、ハフィントンポスト、その他の報道機関は、読者を深く理解できるようになり、読者のニーズを予測することができる。SNSをテキストマイニングしたり、ニュース報道の高度な分析をしたりすることで、このテクノロジーは特定のトピックに対する人々の関心を監視し、通知やオンラインダッシュボードを介して記者にその情報を届けることができる。

AI記者さんは、ある政治家が多国籍企業への大規模な減税を発表した後、同様のツールを使って、ユニークな切り口の記事を特定した。機械学習システムが発見したのは、政治家のスピーチを扱う数百の記事が存在したものの、この政策が小規模なビジネスオーナーに与える影響について説明を求めるSNS上の個人のやりとりがかなり存在することだった。AI記者さんはこの知見をもとに、この話題をさらに調査し、まだ答えが出ていない問題も扱うべく記事を書くことにした。

イテレーティブ・ジャーナリズムとＡＩの両方において、データ学習と観察が開発プロセスの基本となる。人々やその文脈についての大規模なデータをＡＩで分析することにより、報道する側は、読者・視聴者をこれまで以上に理解することができ、その体験を高めることができる。このように、イテレーティブ・ジャーナリズムと機械学習は、どちらも人間が中心であるという設計の原則を取り入れているのだ[13]。

3・3 イテレーティブ・ジャーナリズムに対する3つの疑問

報道機関での実験に慣れてくると、記事やニュース商品の読者・視聴者への望ましさ、報道の技術でそれらを作り出す実現性、そして新たなジャーナリズムのアプローチの財務的な持続可能性について検証する必要がある。

疑問1：読者・視聴者はそれを望んでいるか？

読者や視聴者の行動や興味をよりよく理解することで、AI記者さんは、彼らが価値を感じるニュースを制作することができる。記事の自動化によって読者・視聴者の興味をテストすることはもちろん、ニュースの消費者を招いて、変化する情報のニーズについて記者と議論してもらうことも有効となる。こうしたアプローチにより、報道機関に読者・視聴者中心の視点が注入されるのだ。

海岸エリアのホームレス問題への興味を測定するため、サンフランシスコの公共ラジオ局KQEDは、IT企業のハーケン（Hearken）と提携し、オンラインツールを介してリスナーに質問を投稿してもらった[14]。1000件以上の投稿がデータベースに集約され、視聴者の声として表示される。ジャーナリストは、例えば「ホームレスの原因で最も一般的なものは何か」というような、最も頻度が高い質問に集中し、問題について報道することができる。視聴者の声に耳を傾けることにより、KQEDは視聴者の高い関心を集め、地域社会にとっても重要な放送をしているのである。

疑問2：報道機関は技術的に行える能力があるか？

重要なのは、報道機関のスタッフがテクノロジーの能力や技術上の限界を理解しているかどうかである。知識や技能に差があるのは当然で、技術的能力のある人間を雇ったり連携したりすることで解決できることではあるものの、技術者とジャーナリストを別々に雇うとなると十分ではない。さらに、多くの報道機関に資金的な余裕はない。ジャーナリストにはテクノロジーのスキルが必要であり、技術者にはジャーナリズムを理解してもらう必要性がますます増えている。

ジャーナコーダー※(journo-coder）という取り組みがあることが、『データ・ジャーナリズム　グローバルな未来の内側』という本で紹介されている[15]。報道機関はコンピュータ・プログラミングと調査報道のジャーナリズムの両方が理解するマルチタレントな人材を活用する傾向が強まっている。ニューヨーク・タイムズの双方向ニュース技術部の「プログラマーとしてのジャーナリスト」と名付けられた、シンディー・ロイアル（Cindy Royal）によるケーススタディでは、データセットを理解するのがますます重要になっている時代において、データ分析や統計学のようなスキルを使うことで既存の報道手法を補強できるとしている。[16]
しかし、技術者を雇うことが技術的練度を高める唯一の方法というわけではない。ウォール・ストリート・ジャーナルでは、編集責任者がプロダクト・マネージャーと膝を突き合わせる。両者のチームが連携し、両者の視点を理解することが目的である。その結果、ウォール・ストリート・ジャーナルでは、両者の意見を取り入れた成果物を世に送り出すことができるようになった。

※　技術を勉強するジャーナリストの集まり。

疑問3：商品としてのニュースや記事の方法論は、財務的に持続可能か

特に財務的・時間的な制約のある小規模の報道機関にとって、実験を行うための実験は資源の無駄使いである。イテレーティブ・ジャーナリズムの文脈で行われるソリューションは、財務的に実現可能でなければならない。このことについて、AI記者さんは、理解しているつもりだ。今日のジャーナリストはストーリーを考え

図3.2／イテレーティブ・ジャーナリズムは、デザイン思考の方法論（※ビジネス上の課題を解決する設計的な方法論）を援用していて、読者・視聴者の望ましさに始まり、実現可能性に関する疑問に答え、最後に長期的な持続可能性に言及する

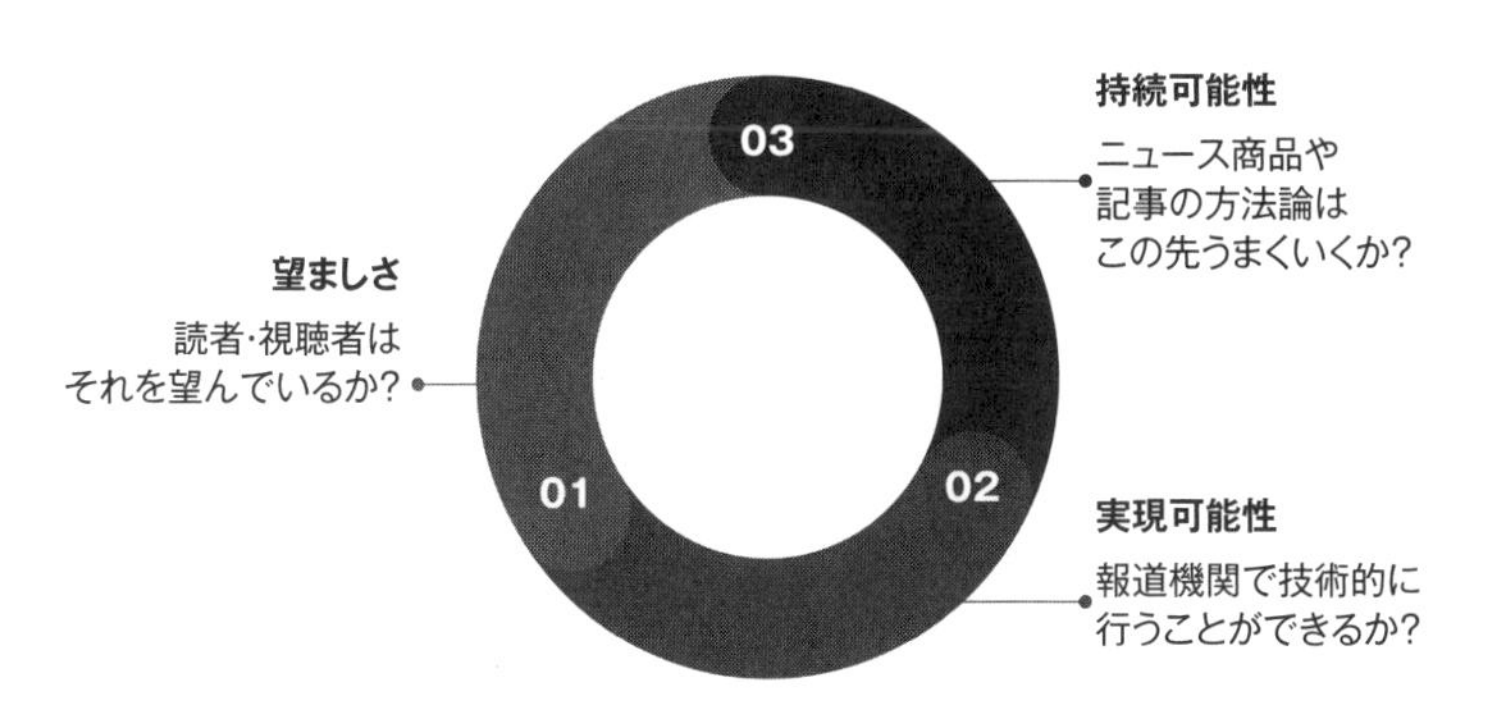

る以上の存在であり、自身の組織がどのような働きをし、ジャーナリズムの資金がどのように確保されるかを理解しなければならないのである、と。しかし、これは、ジャーナリズムの成果物が財務的に持続可能かどうかで決まることになる。

ニュースの持続可能なモデルを構築する方法を理解することで、ＡＩ記者さんたちは新たなアイデアをより素早く立ち上げ、拡大することができる。そのためには、編集、制作、ビジネスそれぞれのチームを横断する開かれた対話が必要だ。ニュースのスタートアップを立ち上げたり、大きな報道機関内でＤＸのプロジェクトを新たに始めたりする個人によって、ますますジャー

ナリズムがかたちづくられるようになってきているのだ。

リスクや競合相手、成功要因を評価することで、あるニュースが商品として実現可能かどうか、報道機関は判断することができる。例えば、ウォール・ストリート・ジャーナルは、ＯＫＲ※1（目標と主要な結果）として知られる方法論でプロジェクトを査定している[17]。このアプローチは、グーグルやインテル、アマゾンなどのＩＴ企業でも用いられていて、各チームや個人が報道部でより幅広い戦略に沿った測定可能な目標を設定するものである。

Column

ジャーナリストと技術者をつなげるためのガイドライン

・お互いに行っていることを説明するために定期的にミーティングを開く。ジャーナリストと技術者のワークフローはまったく異なっているからだ。例えば、エンジニアのチームは非常に明確に定義されたロードマップに基づいて運営されており、報道部からの直前リクエストは完成までの時間に大きな影響を及ぼす可能性がある。新しい製品やツールを使うときは、エンジニアが自分の仕事を完結させてから、フィードバックを行うようにすれば間違いない。

・共通言語を作り、専門用語を使うのを避ける。エンジニアは、「lede」「kicker」[※2]の意味を知らないかもしれないし、ジャーナリストはAWS（アマゾン・ウェブ・サービス）がクラウドコンピュータのプラットフォームを指すということを知らないかもしれない。チーム間の連携を成功させるために重要なのは、言葉を可能な限りシンプルにすることである。

・それぞれのチームがプロジェクトにどのように貢献するかを定義する。重要なのは、どの決定が報道部の案件で、どれが技術チームの案件か、どれが共同責任なのかを詳細に決めておくことである。例えば、AIを使ったコンテンツ推薦ツールをウェブサイトに導入する場合、その構築法には技術的な検討が必要だが、その結果が編集上価値のあるストーリーを示しているかどうかについて、報道部からのフィードバックも必要になる。

ＡＩ記者さんは編集責任者とともに、この四半期のチームのＯＫＲを次のように定めた。少数の定量可能な結果に焦点を定めて現実的な課題であることを確認した。そして、それらを四半期ごとに設定した。

目標：

・ローカルニュース・コンテンツのエンゲージメントを高める。

主要な結果：

・地域ネタ記事のコンテンツ制作を30％増やす。
・四半期末までに新規購読者を５０００人獲得する。
・ウェブとモバイルのプラットフォームに10種類の新たな記事を実験的に配信する。

ＯＫＲは新たな取り組みの実行可能性を査定する効率的な方法で、個人・チーム・報道部など、どのレベルでも定めることができる。このアプローチにより、ＡＩ記者さんは、まるでスタートアップのＣＥＯであるかのように、会社の戦略的な方向性を自分が担っていると感じることができた。「起業家としてのジャーナリスト」という考え方は今日では大変重要で、ジャーナリズム・スクールには、商品開発と事業計画のコースと訓練を重視しているところもある。数多くの例があるが、例えば、ＣＵＮＹジャーナリズム大学院は、学生にニュースの新たなビジネスモデルを教える起業家ジャーナリズムのプログラムを開講している。[18] ミズーリ大学ジャーナリズム学部では毎年、学生が報道機関の問題を解決する新たなスタートアップを立ち上げるコンペを運営している。[19] また、コロンビア大学ジャーナリズム・スクールは、ビジネスとしてのニュースを理解する重要性を認識しているため、ビジネスコースをプログラムのなかで必修としている。

※１　社員に対して設定される目標管理の枠組みのこと。
※２　リードや見出しを意味する用語

3・4 報道機関の壁を超えた連携を促進させる

イテレーティブなプロセスは、報道機関内での新たな働き方と組織のあり方を必要とする。新しい技術とワークフローに迅速に適応するためには、ジャーナリズム、データサイエンス、デザイン、テクノロジー、戦略といった背景をもつ人たちで構成される、学際的なチームの編成が必要になる。

しかし、連携のための文脈を形成するには一体どうすればいいのか。強制だと感じさせることなく一緒に働ける環境を報道機関はどのようにつくり出せるのだろうか。

最初のステップとしては、垣根を取り払うことである。もし、チーム間ですぐにテストし他家受粉(たかじゅふん)を成功させたいとするなら、報道機関を部門ごとで分けてはいけない。つまり、報道機関は、異なる背景と能力をもっている人たちが互いにぶつかり合うように設計されなければならないのだ。このような配置にすることにより、セレンディピティ※にあふれた連携を進めることができるが、これは本書の最初のパートで述べた、新たなニュースのダイナミックモデルに寄り添ったものになる。[20]

このモデルをすでに採用し始めている報道機関もある。例えば、ＡＰ通信は２０１７年にマンハッタンのダウンタウンに新たに本社を移したが、個人の机の数を大幅に減らし、気軽に座れる場所を増やした。ワシントンポストの新しいオフィスの特徴は、インフォーマルに集まったりグループディスカッションをしたりするためにデザインされたスペースが多数あることだ。同時に、必要なときには一人で仕事ができる場所を用意することが重要である。ウォール・ストリート・ジャーナルでは、オフィスのいたるところに電話をかけるブースがあり、ジャーナリストはプライバシーが保てるようになっていて、クオーツはプライベートな会議に適したカフェスタイルの部屋を設けている。

ここでのポイントは、知の共有には明示的なコミュニケーションだけでは不十分であるということだ。そこには、好奇心が強要されることなく有機的に表面化させる文化や、新たなＡＩ技術を導入するリスクを取ることを奨励する環境も必要となる。そのためには、集団内の信頼や参加、そして、今の結果が完全ではないかもしれないと考えられることが求められる。

最も重要となるのは、連携は厄介で不完全なものであるということを知っておくべきであるということだろう。しかし、個人間の衝突や官僚的な遅れが原因となり逆効果に見えることがあっても、うまくいっていないことを意味しているというわけではない。我々は生産性に注目しがちだが、連携のプロセスは、効率の悪いプロセスであることが多く、スピードを上げたり、容易に実行するために連携を行ったりするのではない。それは複数の視点を取り入れて、何かを作りあげるために行われるものなのだ。

※ 偶然の出会いがもたらす幸運のこと。

イノベーションの単位としての物語

テクノロジーは常に変化しているが、報道部として変わらないのは、記事を書くことと物事の分析を行うことだ。イテレーティブな文化を作るためには、試験し、失敗し、実験を行うことは問題ないということを認識し、それを集団で行うことから始まる。

教育に時間を費やす報道機関は、より柔軟性を高め、読者・視聴者に情報を提供し、喜ばれる記事を作り続けることができるようになる。新たな技術への適応性を高めるには、2つの核となる活動が必要になる。それは、訓練と調査だ。

報道部の管理職は、社内の制約を排除しながら、新しいスキルや変化を生み出すためのロードマップを提供することで、部下の能力を高めることができる。例えば、他のチームと部門横断的なコラボレーションや、可能であれば新たなニュースやツールのアイデアに携わることを許可するなどがそれにあたる。この強化策には、報道部にイテレーティブ・ジャーナリズムのような概念を提示することに加えて、社員にデータ分析、テキスト・動画生成のための新たなAIツールの使い方を教えるといったようなことも含まれる。

報道部は、自分たちの壁の向こう側に目を向けることで新たな発想の源を探すとよいだろう。例えば、「先駆者シリーズ」と題した会を主催して、メディアとジャーナリズムに関係する新鮮なアイデアを提示できる人を社外から招くというようなことができる。しかし、こうしたトレーニングの取り組みはトップダウンであってはならない。訓練に関する決定は、ジャーナリストのニーズに基づいて行われるべきである。

こうした取り組みは目に見えて良い結果が出るだろう。インディアナ州ブルーミントンにあるヘラルドタイムズ（Herald-Times）は、２００３年から２００６年に実施した週に5時間のプログラムを、新聞の売上が10％向上し、オンラインの体験が改善された要因として挙げている。[21] この取り組みがうまくいったのは、トレーニングの活動が非常に現実的な目標と結び付けられていたためだ。

ＡＩがジャーナリズムにおける実践を急激に変化させ、報道機関の構成に影響を与えるにしたがい、このようなトレーニングへの投資は最も重要なものになっている。実際、役割が変わるという不確実性に関する恐怖は、トレーニングによって減らすことができるし、社員がよりワクワクする思いで仕事をするように促すこともできる。

グローバル・エディターズ・ネットワークという専門家集団は、ナショナル・ジオグラフィック、ＮＢＣニュース、ザ・ニューヨーカー、プロパブリカ、ヴォカティブ、ワシントンポストなどのジャーナリストを集め、メディア業界のイノベーションに関する開発を競うハッカソンを開催している。このようなイベントは、記者や編集責任者たちが、日々のニュースの循環から一歩引いて、新たな記事のかたちについて野心的に考えるひとつの機会となるのだ。

大学が専門学校と協力することで、報道機関が新しい分析と独自のコンテンツを開拓することにもつながる。ニューヨーク・タイムズがコロンビア大学のブラウン研究所と連携し、ツイッターやフェイスブックといったプラットフォームにおけるボットの出現について調査した例がある。当初はマーク・ハンセン（Mark Hansen）教授によるコンピュータ・ジャーナリズムの教室のプロジェクトとして始まったものだが、後に連邦当局が偽フォロアーを販売する業者を調査するまでに発展するといった臨場感溢れる話となった。

結論

ＡＩなどのテクノロジーは、産業を自動化するのではなく、強化することができる。

新しいテクノロジーによって変化するジャーナリズムの世界で、ＡＩ記者さんたちのような次の世代の記者は、記事制作〔ストーリーテリング〕の技術に科学をもち込むことになる。彼らは報道と編集の方法について分析的であり、調査や実験に重きをおいている。

報道機関には、制作の規模を拡大しつつ、時間のかかる作業からジャーナリストを解放し、同時に、これまでと異なる報道を行うための十分なリソースが今現在ある。データ・サイエンスとコンピュータ・サイエンスはこのプロセスに急速に不可欠なものとなりつつあり、情報の集め方、制作方法、配信方法、マネタイズの方法も変わってきている。

人工知能のツールは、データから直接テキストを生成し、映像素材から隠れた知見を発見し、リアルタイムでインタビューの内容を翻訳し、同じ記事の複数バージョンを作ることもできる。ＡＩを報道機関に導入することにより、編集上の新たな役割も生まれる。自動化担当記者、アルゴリズムの説明責任を担当する記者、コンピュータジャーナリストなどである。

こうした新しい編集の方程式では、テクノロジーは可変であり、ジャーナリズムの規範は不変である。かつてのインターネット、電話、タイプライターの革命がそうであったように、ＡＩはジャーナリズムの深さと幅を広げることができる道具箱のなかの新たな道具のひとつにすぎない。

ＡＩは高度なアルゴリズムを備えているが、機械が導く結論は常に正しいとは限らない。ジャーナリストは常に、結果を疑い、方法論を検証し、説明可能性を確保しなければならないが、これは簡単なことではない。アルゴリズムを検査することは難しく、そのため、説明責任を果たすことが難しい。

ＡＩによってもたらされた知見は報道を導くコンパスとして使われるべきで、常に正しい情報を指す時計として使われるべきではない[1]。ＡＩは人によって作られたものである。そのため、ＡＩの設計方法や、学習のために使われるデータのなかにはバイアスがあり、その結果しばしば間違いを犯す可能性がある。入力がそうであれば、出力も同様である。

ＡＩを有効的に使うために、業界全体のＡＩ記者さんたちは、実験を開始する必要がある。だからといって、ジャーナリストは技術者になれと言っているわけではない。ＤＸという変化に対して、より応答可能になる必要があるということなのだ。これは、特定の技術の問題なのではなく、記者としての適応力の問題である。

この技術の領域で報道機関が成功をおさめるためには、絶えず起こる変化に対応可能となる最新の方法を導入する必要がある。イテレーティブ・ジャーナリズムは、まず、実用最小限の記事や読者・視聴者理解の強化、調査の加速といった技法により、読者・視聴者の情報のニーズを特定する。さらに、製品開発の考え方を記事制作に持ち込むことにより、あるアイデアをいくつかのバージョンで循環させ、フィードバックを得ることを重視する。

ジャーナリストの直感と、強力なテクノロジーと、連携の文化を統合させたイテレーティブ・ジャーナリズムによって、報道機関は消費者の要求に対して成果物を合致させることができるようになる。

このプロセスにＡＩが貢献できるのは、ニュースの読者について理解し、彼らが気に掛けていることを文脈として考慮に入れることである。もっとも、こうしたスマート・アルゴリズムの拡散により、世界は定量化が可能であり、数字の価値として還元することができるとみなす人たちもいる。つまり、機械が政治家の演説から「感情スコア」を引き出したり、ＳＮＳを使って特定の話題に対する大衆の興味を測ったりするような場合である。

ジャーナリストがこういった考えに惹かれるのは、ＡＩを通じて得られたデータによって、より真理に近づけるかもしれないと考えるためだ。解析的な信号が使えるようになれば、報道を真理に基づかせることができるし、それにより、ニュースが社会の重要な指針になり得るという考え方も強まるだろう。

しかし、すべてが数字に還元されれば、人間の本質を見失うことになる。データの冷たさが人間の書く記事の温かさを上回ったとき、ニュースの消費者とつながるのはますます難しくなるだろう。

したがって、たとえ、使えるデータがありあまるほど存在し、ＡＩでそれらを大規模に解析できたとしても、人間を中心に置くという考えはこれまで以上に重要になっている。イテレーティブ・ジャーナリズムは、「ＡＩに方向転換をすること」ではない。人間の能力を強化できるＡＩで周りを固めることなのである。

記事制作〔ストーリーテリング〕の技術は、ジャーナリズムの素地となるものである。それによって、私たちは他者とつながり、彼らと関係を築くことが求められている。ＡＩがジャーナリズムに置き換わることはない。ジャーナリストは人間の経験を理解するための物語を構築し、その断片をまとめる必要があるためだ。

ＡＩ記者さんはこのように理解し、安心した。ＡＩを受け入れるというのは、真理を明らかにする新たなツールを手に入れたということであり、どんなアルゴリズムもジャーナリストの判断の代わりにはならないだろう。

訳者後書き

本書は、２０２０年に出版されたFrancesco Marconi『Newsmakers: Artificial Intelligence and the Future of Journalism』の翻訳である。その副題である「ＡＩとジャーナリズムの未来」という言葉に表れている通り、ＡＩ（人工知能）を前にジャーナリズムの世界は今後どのように変わっていくのか、そして変わっていくべきなのかについて積極的な方向性を提言している。

あらゆる業界にＡＩ化の波が押し寄せる現代、メディア業界も例外ではない。しかし、日本のジャーナリズムシーンにおいては、こうした動きは立ち後れているというべきであろう。ＡＩの実装例が数多く紹介される本書においても、日本の例として取り上げられているものはＪＸ通信社（28ページ）の1例にとどまっている。日本のメディアの行く末を占う書籍はいくつかあるものの、ＡＩに特化したジャーナリズムを扱ったものは国内では類書がない。そこで、日本語化の意義があると考え翻訳に取り掛かることにした。

日進月歩のＡＩに関して新たな技術そのものとしては、ここ数年で非常にたくさんのものが生まれ、「こんなことも可能になった」と華々しい成果が（それこそ）メディアを通じて様々に紹介されている。一方で、現場レベルとして重要になるはずの、いわゆるＰｏＣ（Proof of Concept：概念実証）以降のフェーズに関しては光が当たりにくいのが現状である。「たしかに理論上は可能でも、現場では……」という例は実は非常に多く、私たちがＡＩ化の波を日常生活の肌感覚としてはあまり感じられていないのだとすれば、その原因はここにあるだろう。であるがゆえに、報道分野での現場感覚を大事にして書かれた本書の内容が貴重になる。

著者のマルコーニ氏はウォール・ストリート・ジャーナルの元Ｒ＆Ｄチーフで、それ以前にはＡＰ通信でコンテンツの自動化やＡＩに関する仕事の実績がある。[※1] こうした実務家としてのキャリアの経験が、本書の執筆内容には存分に反映されている。冒頭で、Newsmaker（「ＡＩ記者さん」とあえて訳した）という架空の記者が登場し、ＡＩに関する勉強をしながら、それを仕事現場に落とし込んでいくようなスタイルで物語が進行するのも、そうした実務家ならではの姿勢によるものであろう。具体例の豊富さも本書の特徴であるが、「ＡＩが変える未来の世界」という誰も答えることができない難問に、実務家の立場として（一定の手応えを持って）具体的な答えを投げかけている。これは決して簡単なことではなく、まさに野心的な試みであると評価できるだろう。

訳者は、ＮＨＫ（日本放送協会）のディレクターとして10年ばかりキャリアを積んだ者であり、この間、２０２０年からの2年間で、社会人として働きながら大学院のＡＩ専科にて修士号を取得した（立教大学人工知能科学研究科、専攻テーマはテキストマイニング）。訳者の本書との出会いは、この大学の図書館であった。ゼミ関連のリサーチで、まさにＡＩがジャーナリズムをどう変えるべきか、そのヒントを自分自身が模索しているときだったのだ。

当時、本業の報道番組ディレクターとしても、ＡＩ関係の取材をする機会が多かった訳者であるが、２０００年代以降の第3次ＡＩブームのさなか、各所から感じられたのは、「ＡＩに仕事が奪われる」という言説に代表されるＡＩ脅威論の根強さだった。訳者個人としては、そうした風潮にどこか違和感を感じていた。そんななか見つけた言葉が、本書での最も強い主張のひとつである「ＡＩは業界を自動化するのではなく強化する」（9ページなど多数）というものだった。

たしかに、技術が進むことによる失業は一定程度、必ず存在する。こうした失業はＡＩに限らず昔から存在し「技術的失業」と呼ばれている。[※2]しかし、技術の進歩が不可逆的である以上、負の側面を憂うことはラダイト運動（機械うちこわし運動）にしかならない。であるならば、正の側面に光を当てる方が生産的ではないだろうか。[※3]「自動化ではなく強化」というテーゼは、むしろ、単純作業など機械が得意とする領域にＡＩを導入することで、人間がそこから解放され、より深いクリエイティブな仕事に集中できるという新たな可能性を示している。こうしたポジティブなテーゼが現場サイドから湧き上がってくることに、訳者は希望を感じる。

実は、「シンギュラリティ（技術的特異点）」という概念の生みの親として知られるレイ・カーツワイルでさえ、指数関数的な技術の進歩を「人間との融合」という肯定的な文脈で語っていて、その意味で、素朴なＡＩ脅威論の先駆者として位置付けることは誤りである。[※4]人間と機械の棲み分けや新しいかたちを考えることこそが、この先どうしても必要となる。

そもそも、あらゆる営みを自律的に人間以上にこなせる、いわゆる「汎用ＡＩ」

が開発されていない現在において、ＡＩが得意とする領域は非常に限定されている。ＡＩは結局のところ言葉の意味を理解できないという「記号接地問題」を持ち出すまでもなく、そう簡単には人間の代わりとはならない。経験者は皆語ることであるが、ＡＩはむしろ融通が利かない存在であり、「使えない」と言われる場面の方が実に多い。それほど、現場で実際に「使える」技術として活用するのは、非常に骨が折れることなのだ。本書でも、スカイダイビングのために使われる飛行機をスパイ機と判定された例などが紹介されている（50ページ）が、上手に使われなければＡＩは無用の長物に成り下がる。そこで、これまで以上に重要になるのが人間の仕事である。

ＡＩは大量のデータを確率論的に処理することが多く、どうしても「誤差」が生まれやすい。ＡＩが起こすであろう間違いに対するリスク管理は人間の側の仕事になる。他にも、倫理的・法的な問題（Ethical, Legal and Social Issues の頭文字を取ってＥＬＳＩと呼ばれる）、意思決定における会社組織ならではのセクショナリズムの弊害など、実務の現場では考えなければならない泥臭い問題が山積している（「誰が責任を取るのか」と大声で怒鳴る上司の声が今にも聞こえてきそうである）。

本書は、そうしたこととの解決への糸口を包括的にまとめたＡＩの「取扱説明書」となっている。一つの成功したビジネスモデルが長らく続いてきたのがジャーナリズム業界だが、その成功体験がゆえに変容が難しくなっている。本書を読めば、この種のことが日本だけの話ではないことが分かるし、さらに、それはメディア以外の業界にも妥当し得る。本書は、ジャーナリズムというひとつの業界のケースワークではあるが、その普遍性は、他業界にも通じる射程を持ち合わせている。

報道現場でのＡＩ活用に関しては、大きく、取材の手法そのものとして目に見えるいわば表のプロセスと、読者・視聴者には見えない社内の裏のプロセスに分けることができるだろう。世間的に注目を集めやすいのは、主に表のプロセスだと言える。日本では「ビッグデータ」という名の下で行われた一連の取り組みがその皮切りであるが、[※5]最近では、公開情報を活用し新たな知見を発見する「ＯＳＩＮＴ（オシント）」と呼ばれる手法に位置づけられるものが多い。[※6]一方で、裏のプロセスについては、普段、読者・視聴者からは見えないために分かりにくいことが通常だが、例えば、視聴データの解析などがそれに当たるだろう。

本書の提言の目玉となっている iterative journalism（イテレーティブ・ジャーナ

リズム）は、こうした表のプロセスと裏のプロセスをダイナミックに結びつけるところに、その特徴がある。これまでのマスメディアの一方向性を大きく変革し、デジタルならではの双方向性・対話性という特性を活かしたモデルの提唱となっていて、これが筆者の「答え」である。iterative（イテレーティブ）とは、文字通りには「反復する」という意味で、読者・視聴者のフィードバックを短いスパンで制作に取り入れ、これを良循環としていくことを概念として語られている。この円環的な概念には、流行りのＰＤＣＡのサイクルか、はたまた統計学の分野で有名なベイズ更新を思い起こさせるようなカッコよさがあるが、これが「正解」かどうか分かるためには、この先10年ほど経ってからの時代の検証を待たねばならないだろう。

繰り返すが、ＡＩの発展は日進月歩である。本書が刊行された後、ChatGPT などの生成ＡＩが急速に発展し、自然言語処理のシーンを塗り替えてしまった。そして、こうした変化にジャーナリズム業界は追いつけていない。

一方で、２０２０年というＡＩブーム全盛期に刊行された本書であるから、ＡＩ化についてやや肯定的に描かれ過ぎている側面があるという点には注意せねばならない。フェイクニュースや偽画像、ＡＩによるプロファイリングやアルゴリズムの非透明性など[※7]、近年極まっているのは、むしろＡＩの負の側面の問題だと言える。本書では、「ＡＩの闇の側面」という節はあるものの（１９３ページ）、こうしたＡＩならではの避けられない問題についての言及は限定的だと言わざるを得ない。

本書を通読すれば、読者はＡＩを現場に導入する難しさに加え、（仮に導入できたとしてもその先に待つ）依然として変わらない現場の強固さを改めて感じることになるかもしれない。新たな領域における挑戦というのはそれほど難しい。だからこそかえって、少しだけ見える変化の兆しにヒントを探る営みが重要になる。

著者はＡＩについて語ると同時に、ジャーナリズムの畑に長く身を置いてきた者として、ジャーナリストとしての矜持を本書で何度も語っている。訳者自身もジャーナリストの端くれとして、そこに共感を覚える。けれども、決して、そこに甘んじず、無批判に陥ることがないように心したい。メディア激動の時代のジャーナリストにとって、本書は自らの将来像に磨きをかけていく布石になるに違いない。

最後に、訳語に関する補足をしておく。翻訳では読みやすさに留意しながら、海外と日本で報道における言葉遣いが違うものについて、できる限り日本の例に合わせた。newsroomという言葉がその際たるものであるが、「報道機関」「報道部」「報道」など文脈に応じて意識的に訳し分けた。editorに関しては、「編集者」という直訳は報道現場においては誤訳であり、「編集責任者」のことを指す。組織によっても肩書は様々であるが、「編集長」とした方がイメージが湧きやすく、そちらで意味が通じるところに関しては「編集長」を採用した。この手の翻訳はややもすればカタカナ語のオンパレードとなるので、可能な限りカタカナ語は避けることにした。例えば、storytellingは物語ることそのものを問題とする文脈ではないところがほとんどであったので、あえて「記事制作」「記事」「制作」などと訳している。一方で、iterative journalismに関しては、著者が提言する重要な新規の概念であるので、「反復ジャーナリズム」ではなく「イテレーティブ・ジャーナリズム」と訳している。technologyに関しては、逡巡の末、抽象的な文脈においては「テクノロジー」、具体的な文脈においては「技術」と訳し分けている。

2024年9月　訳者・近藤伸郎

※1　https://www.francescomarconi.org/（2024年8月20日アクセス）

※2　例えば、井上智洋『純粋機械化経済』（日本経済新聞出版社、2019年）を参照。

※3　エリック・ブリニョルフソン、アンドリュー・マカフィー『機械との競争』（日経BP、2013年）では、むしろ技術の進展に伴ってできる新しい領域での雇用創造の可能性について言及している。

※4　例えば、レイ・カーツワイル『ポスト・ヒューマン誕生　コンピュータが人類の知性を超えるとき』（NHK出版、2007年）には、以下のようなくだりがある。「わたしたちにとって人間であることは、その限界をたえず拡張しようとする文明の一部であることを意味する。（…）確かに人類とテクノロジーの融合は、破滅に至る坂道を転げ落ちる危険性をはらんでいるものの、それはより輝かしい前途へとなめらかに上昇していく道であり、ニーチェの言う深い淵へ滑り落ちるものではない」（495〜6頁）。

※5　阿部博史、NHKスペシャル「震災ビッグデータ」制作班編『震災ビッグデータ　可視化された〈3・11の真実〉〈復興の鍵〉〈次世代防災〉』（NHK出版、2014年）。

※6　Open-Source Intelligenceの略。OSINTによる日本での最近の調査報道の例などは、瀬川至朗編『データが切り拓く新しいジャーナリズム「石橋湛山記念　早稲田ジャーナリズム大賞」記念講座2023』（早稲田大学出版部、2023年）。

※7　このあたりの論点については、山本龍彦編『AIと憲法』（日本経済新聞出版、2018年）、山本龍彦『おそろしいビッグデータ　超類型化AI社会のリスク』（朝日新書、2017年）などが詳しい。

著者紹介

フランチェスコ・マルコーニ（Francesco Marconi）

コンピュータジャーナリスト。リアルタイム情報を扱う企業、アプライドXLの共同設立者。ウォール・ストリート・ジャーナルの元R&Dチーフで、データサイエンティストとコンピュータジャーナリストのチームを率いて報道向けデータツールを開発。それ以前は、AP通信にて、コンテンツ自動化と人工知能の共同開発を指揮した経歴を持つ。デジタルメディア・イノベーター・トップ20や、次世代パブリッシング・リーダー・アンダー35に選出されている。

訳者紹介

近藤伸郎（こんどう・のぶろう）

NHK報道番組ディレクター。番組やニュース、デジタルコンテンツの制作経験をもつ。立教大学大学院人工知能科学研究科に働きながら通い、2022年3月、第1期生として修了。修士論文のテーマはテキストマイニング。

AI記者

最新報告　AIでジャーナリズムはこう変わった

2024年10月30日　第一刷発行

著者　フランチェスコ・マルコーニ
訳者　近藤伸郎
発行者　鈴木勝彦
発行所　株式会社プレジデント社
〒102-8641東京都千代田区平河町2-16-1
平河町森タワー13階
https://www.president.co.jp/　https://presidentstore.jp/
電話　編集 (03) 3237-3732
販売 (03) 3237-3731

編集　渡邉 崇
販売　桂木栄一　高橋 徹　川井田美景　森田 巌　末吉秀樹
大井重儀　庄司俊昭
装丁　秦 浩司
制作　関 結香
印刷・製本　TOPPANクロレ株式会社

ISBN978-4-8334-2452-3
Printed in Japan
落丁・乱丁本はおとりかえいたします。

注釈

序文

1. PricewaterhouseCoopers, “Sizing the Prize: What's the Real Value of AI for your Business and How Can You Capitalise?,” August 16, 2017, www.pwc.com/gx/en/issues/analytics/assets/pwc-ai-analysis-sizing-the-prize-report.pdf.

はじめに

1. Max Willens, “Forbes Is Building More AI Tools for Its Reporters,” Digiday, January 3, 2019, digiday.com/media/forbes-built-a-robot-to-pre-write-articles-for-its-contributors/.
2. “AP to Preview Every NBA Game with Automation from HERO Sports, Data from Sportradar,” *Sportradar*, January 24, 2019, sportradar.us/2019/01/ap-to-preview-every-nba-game-with-automation-from-hero-sports-data-from-sportradar/.
3. Shan Wang, “After Years of Testing, the Wall Street Journal Has Built a Paywall That Bends to the Individual Reader,” Nieman Lab, February 22, 2018, www.niemanlab.org/2018/02/after-years-of-testing-the-wall-street-journal-has-built-a-paywall-that-bends-to-the-individual-reader/.
4. “World's First AI News Anchor Makes ‘His' China Debut,” Xinhua News Agency, November 8, 2018, www.xinhuanet.com/english/2018-11/08/c_137591813.htm.
5. U.S. Bureau of Labor Statistics, “Newspaper Publishers Lose Over Half Their Employment from January 2001 to September 2016,” April 3, 2017, www.bls.gov/opub/ted/2017/newspaper-publishers-lose-over-half-their-employment-from-january-2001-to-september-2016.htm.
6. Aman Naimat, *The New Artificial Intelligence Market*, vol. 1 (Sebastopol, CA: O'Reilly Media, 2016).
7. Diana Owen, *The State of Technology in Global Newsrooms* (2017 survey) (Washington, DC: International Center for Journalists, 2018), www.icfj.org/sites/default/files/2018-04/ICFJTechSurveyFINAL.pdf.
8. David Levy and Damian Radcliffe, “Social Media Is Changing Our Digital News Habits-But to Varying Degrees in US and UK,” *The Conversation*, December 19, 2018, theconversation.com/socialmedia-is-changing-our-digital-news-habits-but-tovarying-degrees-in-us-and-uk-60900.
9. James L. McQuivey, with Carlton A. Doty and Ryan Trafton, *Will People Really* Do That? (Cambridge, MA: Forrester, 2015), www.forrester.com/report/Will+People+Really+Do+That/-/ERES117907.
10. “Social and Demographic Differences in News Habits and Attitudes,” chap. 5 in *The Personal News Cycle: How Americans Choose to Get Their News* (Arlington, VA: American Press Institute, 2014), www.americanpressinstitute.org/publications/reports/survey-research/social-demographicdifferences-news-habits-attitudes/.

11. Nic Newman, et al., *Digital News Report 2018* (Oxford: Reuters Institute for the Study of Journalism, 2018), media.digitalnewsreport.org/wp-content/uploads/2018/06/digital-newsreport-2018.pdf ?x89475.
12. "Xinhua Upgrades AI-Based News Production System," Xinhua News Agency, June 15, 2018, www.xinhuanet.com/english/2018-06/15/c_137256200.htm.
13. Katsuhiro Yoneshige, "About JX PRESS-English," JX Press, accessed June 19, 2019, jxpress.net/about/about-jx-press/. (米重克洋「会社情報 - JX 通信社」https://jxpress.net/about/)
14. Shoko Oda, "This Media Startup Is Beating the Competition with a Newsroom Run by Robots," Bloomberg, May 27, 2018, www.bloomberg.com/news/articles/2018-05-27/the-airline-geek-tryingto-build-a-media-giant-with-no-reporters.
15. Chris Roush, "AP Biz Editor Gibbs to Oversee News Partnerships," *Talking Biz News*, July 21, 2017, talkingbiznews.com/1/ap-biz-editor-gibbsto-oversee-news-partnerships/.
16. Zsolt Katona, Jonathan A. Knee, and Miklos Sarvary, "Agenda Chasing and Contests Among News Providers," Columbia Business School Research Paper no. 13-49, July 3, 2013, doi.org/10.2139/ssrn.2288672.
17. Nicole Perrin, "Amazon Is Now the No. 3 Digital Ad Platform in the US," *eMarketer*, September 19, 2018, www.emarketer.com/content/amazon-isnow-the-no-3-digital-ad-platform-in-the-us.
18. Kevin K. Drew and Ryan J. Thomas, "From Separation to Collaboration," *Digital Journalism* 6, no. 2 (2017): 196-215, doi:10.1080/21670811.2017.1317217.

1. 問題——移行期にあるジャーナリズムモデル

1. Francesco Marconi and Alex Siegman, "A Day in the Life of a Journalist in 2027: Reporting Meets AI," *Columbia Journalism Review*, April 11, 2017, www.cjr.org/innovations/artificial-intelligencejournalism.php.
2. Nic Newman, *Journalism, Media, and Technology Trends and Predictions 2019* (Oxford: Reuters Institute for the Study of Journalism, 2019), reutersinstitute.politics.ox.ac.uk/sites/default/files/2019-01/Newman_Predictions_2019_FINAL.pdf.
3. Peter Aldhous, "We Trained a Computer to Search for Hidden Spy Planes. This Is What It Found," BuzzFeed News, August 7, 2017, www.buzzfeednews.com/article/peteraldhous/hiddenspy-planes#.mkqoYz91Q.
4. "FT Introduces 'She Said He Said' Bot to Diversify Sources in Articles," *Financial Times*, November 15, 2018, aboutus.ft.com/en-gb/announcements/ft-introduces-she-said-he-said-bot-to-diversifysources-in-articles/.
5. "JanetBot: Analysing Gender Diversity on the FT Homepage," FT Labs, July 11, 2018, labs.ft.com/product/2018/11/07/janetbot.html.
6. Will Mari, "Technology in the Newsroom: Adoption of the Telephone and the Radio Car from c. 1920 to 1960," *Journalism Studies* 19, no. 9 (2018): 1366-1389, doi:10.1080/14616

70x.2016.1272432.
7. Reuters, "Reuters News Tracer: Filtering through the Noise of Social Media," Reuters Community, May 15, 2017, www.reuterscommunity.com/topics/newsroom-of-the-future/reuters-newstracer-filtering-through-the-noise-of-social-media/.
8. "Conexiones entre politicos y medios en Twitter," *El País*, January 31, 2016, elpais.com/elpais/2016/01/29/media/1454086689_574154.html.
9. Dataminr, "Dataminr for News Enters Continental Europe, Signing Deal with France Info," September 6, 2016, www.dataminr.com/press/dataminr-fornews-enters-continental-europe-signing-deal-withfrance-info.
10. Antonis Kalogeropoulos, "The Rise of Messaging Apps for News," section 2.6 in *Digital News Report 2018*, by Nic Newman et al. (Oxford: Reuters Institute for the Study of Journalism, 2018), media.digitalnewsreport.org/wp-content/uploads/2018/06/digital-news-report-2018.pdf ?x89475.
11. Andrew Perrin, "Americans Are Changing Their Relationship with Facebook," Pew Research Center, September 5, 2018, www.pewresearch.org/fact-tank/2018/09/05/americans-are-changingtheir-relationship-with-facebook/.
12. Media Cloud, "Media Cloud in Action: Case Studies," accessed June 19, 2019, mediacloud.org/case-studies/.
13. Alex Thompson, "Parallel Narratives: Clinton and Trump Supporters Really Don't Listen to Each Other on Twitter," Vice News, December 8, 2016, news.vice.com/en_us/article/d3xamx/journalistsand-trump-voters-live-in-separate-online-bubblesmit-analysis-shows.
14. Sally Kestin, John Maines, and Dana Williams, "Speeding Cops Get Special Treatment, Sun Sentinel Investigation Finds," *South Florida Sun Sentinel*, February 13, 2012, www.sun-sentinel.com/local/fl-speeding-cops-culture-20120213-story.html.
15. *Radiolab*, "Cicada Tracker," WNYC Studios, accessed June 19, 2019, project.wnyc.org/cicadas/.
16. Stephanie Ho, "Sense It! A Beginner's Guide to Sensor Journalism," accessed June 19, 2019, www.stephanieho.work/sense-it/.
17. Tim Hwang, "Announcing the Winners of the AI and the News Open Challenge," Knight Foundation, March 12, 2019, knightfoundation.org/articles/announcing-the-winners-of-the-aiand-the-news-open-challenge.
18. Sahil Chinoy, "We Built an 'Unbelievable' (but Legal) Facial Recognition Machine," *New York Times*, April 16, 2019, www.nytimes.com/interactive/2019/04/16/opinion/facialrecognition-new-york-city.html.
19. Katerina Eva Matsa and Elisa Shearer, "News Use Across Social Media Platforms 2018," Pew Research Center, September 10, 2018, www.journalism.org/2018/09/10/news-use-acrosssocial-media-platforms-2018/.
20. WashPostPR, "The Washington Post Launches on Twitch," *WashPost PR Blog*, July 16, 2018, www.washingtonpost.com/pr/wp/2018/07/16/the-washington-post-launches-on-twitch/?utm_term=.959a16de1e2b.

21. Sisi Wei, "Creating Games for Journalism," ProPublica, July 11, 2013, www.propublica.org/nerds/creating-games-for-journalism.
22. Tristan Ferne, "Beyond 800 Words: New Digital Story Formats for News," BBC News Labs, September 26, 2017, medium.com/bbc-news-labs/beyond-800-words-new-digital-story-formats-fornews-ab9b2a2d0e0d.
23. Associated Press, "AP and Graphiq Expand Collaboration to Offer Interactive Visualizations to all AP Customers," October 18, 2016, www.ap.org/press-releases/2016/ap-and-graphiq-expandcollaboration-to-offer-interactive-visualizations-toall-ap-customers.
24. Michela Del Vicario et al., "Modeling Confirmation Bias and Polarization," *Scientific Reports* 7, no. 40391 (2017), doi:10.1038/srep40391.
25. Carl Benedikt Frey and Michael A. Osborne, "The Future of Employment: How Susceptible Are Jobs to Computerisation?," *Technological Forecasting and Social Change* 114 (January 2017): 254-280,doi:10.1016/j.techfore.2016.08.019.
26. Lucia Moses, "The Washington Post's Robot Reporter Has Published 850 Articles in the Past Year," Digiday, September 14, 2017, digiday.com/media/washington-posts-robot-reporterpublished-500-articles-last-year/.
27. Zack Liscio, "What Networks Does BuzzFeed Actually Use?," Naytev Insights, accessed June 19, 2019, www.naytev.com/insights/what-networksdoes-buzzfeed-use.
28. See, e.g., "Success Story: Hearst Television," True Anthem, accessed June 19, 2019, www.trueanthem.com/hearst-television/.

2. それを可能にするには——ジャーナリズム改革を加速させるAI技術

1. Roberto Brunelli, *Template Matching Techniques in Computer Vision: Theory and Practice* (Chichester, West Sussex: Wiley, 2009).
2. Jill Kirschenbaum, Adya Beasley, and Madeline Carson, "Voices from a Divided America," *Wall Street Journal*, October 29, 2018, www.wsj.com/articles/voices-from-a-dividedamerica-1540822594.
3. Sarah Slobin, "A Computer Watched the Debates. It Thought Clinton Was Happy and Trump Was Angry and Quite Sad," *Quartz*, October 21, 2016, qz.com/810092/a-computer-watched-the-debatesand-thought-clinton-happy-trump-angry-sad/.
4. Josh Chin and Liza Lin, "China's All-Seeing Surveillance State Is Reading Its Citizens' Faces," *Wall Street Journal*, June 26, 2017, www.wsj.com/articles/the-all-seeing-surveillance-state-feared-inthe-west-is-a-reality-in-china-1498493020.
5. Rigoberto Carvajal, "How Machine Learning Is Revolutionizing Journalism," ICIJ: International Consortium of Investigative Journalists, August 22, 2018, www.icij.org/blog/2018/08/how-machinelearning-is-revolutionizing-journalism/.
6. Jonathan Zittrain, "The Hidden Costs of Automated Thinking," *New Yorker*, July 23, 2019, www.newyorker.com/tech/annals-of-technology/the-hidden-costs-of-automated-thinking.
7. Alec Radford et al., "Better Language Models and Their Implications," *OpenAI Blog*,

February 14, 2019, blog.openai.com/better-language-models/.
8. Laurence Dierickx, "Why News Automation Fails," presented at the Computation + Journalism Symposium, Miami, FL, February 2019.
9. WashPost PR, "The Washington Post Experiments with Automated Storytelling to Help Power 2016 Rio Olympics Coverage," *WashPost PR Blog*, August 5, 2016, www.washingtonpost.com/pr/wp/2016/08/05/the-washington-postexperiments-with-automated-storytelling-tohelp-power-2016-rio-olympics-coverage/?utm_term=.85060ab27a8d.
10. Danny Robbins and Carrie Teegardin, "Still Forgiven: An AJC National Investigation," *Atlanta Journal-Constitution*, accessed August 26, 2018, doctors.ajc.com/.
11. Gabriel Dance and Tom Jackson, "Rock-Paper-Scissors: You vs. the Computer," *New York Times*, October 7, 2010, archive.nytimes.com/www.nytimes.com/interactive/science/rock-paperscissors.html.
12. Mary Branscombe, "Artificial Intelligence's Next Big Step: Reinforcement Learning," *New Stack*, January 25, 2017, thenewstack.io/reinforcementlearning-ready-real-world/.
13. John Glenday, "AI Artist Behind Art for Latest Bloomberg Cover," *The Drum*, May 18, 2018, www.thedrum.com/news/2018/05/18/ai-artist-behindart-latest-bloomberg-cover.
14. Isabelle Didier and Philippe Raynaud, "Production automatique de textes: L'IA au service des journalistes," InaGlobal, February 9, 2018, www.inaglobal.fr/numerique/article/productionautomatique-de-textes-l-ia-au-service-desjournalistes-10092.
15. E.g., "Resultats du second tour des elections départementales: Canton de Saint-Amour" (Results of the second round of elections: Saint-Amour canton), *Le Monde*, March 29, 2015.
16. *Los Angeles Times* (@LANow), "Please note: We just deleted an automated tweet saying there was a 6.8 earthquake in Isla Vista. That earthquake happened in 1925," Twitter, June 21, 2017, 7:01 p.m., twitter.com/LANow/status/877677781089304576.
17. Stuart Myles, "Photomation or Fauxtomation? Automation in the Newsroom and the Impact on Editorial Labour-A Case Study," presented at the Computation + Journalism Symposium, Miami, FL, February 2019.
18. Ralph Blackburn and Matthew Clemenson, "More Than a Quarter of Havering Children Obese by the End of Primary School, Says Public Health England," *Romford Recorder*, January 18, 2018, www.romfordrecorder.co.uk/news/health/more-than-a-quarter-of-havering-children-obeseby-the-end-of-primary-school-says-public-healthengland-1-5359216.
19. "Craving Japanese? Check Out These 3 New Philadelphia Spots," Hoodline, January 24, 2018, hoodline.com/2018/01/craving-japanese-checkout-these-3-new-philadelphia-spots.
20. Tal Montal and Zvie Reich, "I, Robot. You, Journalist: Who Is the Author?," *Digital Journalism* 5, no. 7 (2017): 829?49, www.tandfonline.com/doi/
21. Mario Haim and Andreas Graefe, "Automated News:Better Than Expected?," *Digital Journalism* 5, no. 8 (2017): 1044-59, www.tandfonline.com/doi/abs/10.1080/21670811.2

017.1345643.
22. Javier Zarracina, "The Words of Obama's State of the Union Speeches," *Vox*, January 14, 2016, www.vox.com/2016/1/14/10767748/state-of-union-2016-word-count.
23. Barbara Maseda, "Text-as-Data Journalism? Highlights from a Decade of SOTU Speech Coverage," *Online Journalism Blog*, February 5, 2018, onlinejournalismblog.com/2018/02/05/text-as-datajournalism-sotu-speeches/.
24. Inti Pacheco and Stephanie Stamm, "GE CEO Letters Decoded: Shrinking Ambitions and Disappearing Buzzwords," *Wall Street Journal*, March 1, 2019, www.wsj.com/articles/ge-ceo-lettersdecoded-shrinking-ambitions-and-disappearingbuzzwords-11551441600.
25. Jeremy B. Merrill and Natasha Frost, "Here's What Lyft Talks About as Risk Factors That Other Companies Don't," *Quartz*, March 1, 2019, qz.com/1563668/lyfts-ipo-filing-highlights-riskfactors-other-companies-dont-mention/.
26. Sandra Peddie and Adam Playford, "Police Misconduct Hidden from Public by Secrecy Law, Weak Oversight," *Newsday*, December 18, 2013, www.newsday.com/long-island/police-misconducthidden-from-public-by-secrecy-law-weakoversight-1.6630092.
27. "What Did Private Security Contractors Do in Iraq?," Overview, February 21, 2012, blog.overviewdocs.com/2012/02/21/iraq-security-contractors/.
28. Bloomberg Media Group, "Bloomberg Media's Innovation Lab Launches 'The Bulletin'?An AIPowered News Feed for Bloomberg Mobile App Users," September 18, 2018, www.bloombergmedia.com/press/bloomberg-medias-innovation-lablaunches-bulletin/.
29. Youyou Zhou, "Analysis of 141 Hours of Cable News Reveals How Mass Killers Are Really Portrayed," *Quartz*, October 14, 2017, qz.com/1099083/analysisof-141-hours-of-cable-news-reveals-how-mass-killersare-really-portrayed/.
30. Nic Newman, *Journalism, Media, and Technology Trends and Predictions* 2019 (Oxford: Reuters Institute for the Study of Journalism, 2019), reutersinstitute.politics.ox.ac.uk/sites/default/files/2019-01/Newman_Predictions_2019_FINAL.pdf.
31. Voicebot, *U.S. Smart Speaker Consumer Adoption Report 2019* (January 2019), voicebot.ai/smartspeaker-consumer-adoption-report-2019/.
32. "ALTO-a Multilingual Journalism Tool," BBC News Labs, accessed May 1, 2019, bbcnewslabs.co.uk/projects/alto/.
33. Sam Greenfield, "Picture What the Cloud Can Do: How the New York Times Is Using Google Cloud to Find Untold Stories in Millions of Archived Photos," *Google Cloud Blog*, November 9, 2018, cloud.google.com/blog/products/ai-machine-learning/how-thenew-york-times-is-using-google-cloud-to-find-untoldstories-in-millions-of-archived-photos.
34. Joy Buolamwini and Timnit Gebru, "Gender Shades: Intersectional Accuracy Disparities in Commercial Gender Classification," *Proceedings of Machine Learning Research* 81 (2018): 77-91, proceedings. mlr.press/v81/buolamwini18a.html.
35. Wibbitz, "How Review-Journal Strengthens the Vegas Community Through Powerful Video Storytelling," accessed June 19, 2019, www.wibbitz.com/resources/review-journal-local-news-video-case-study/.

36. Francesco Marconi and Taylor Nakagawa, The Age of Dynamic Storytelling: *A Guide for Journalists in a World of Immersive 3-D Content* (New York: Associated Press, 2017), www.amic.media/media/files/file_352_1328.pdf.
37. Robin McDowell, Martha Mendoza, and Margie Mason, "AP Tracks Slave Boats to Papua New Guinea," Associated Press, July 27, 2015, www.ap.org/explore/seafood-from-slaves/ap-tracks-slave-boats-topapua-new-guinea.html.
38. "Local Voices Network: Community Members Say More, Better Public Transportation Needed," *Capital Times*, March 25, 2019, madison.com/ct/news/local/local-voices-network-community-members-say-morebetter-public-transportation/article_5aeeb82e-63e5-5a7a-a4b2-f50d01963706.html.
39. Jianhui Chen et al., "Learning Online Smooth Predictors for Realtime Camera Planning Using Recurrent Decision Trees," IEEE Conference on Computer Vision and Pattern Recognition, Las Vegas, NV, June 27-30, 2016, hoangle.info/papers/cvpr2016_online_smooth_long.pdf.
40. Kyle Swenson, "A Seattle TV Station Aired Doctored Footage of Trump's Oval Office Speech. The Employee Has Been Fired," Washington Post, January 11, 2019, www.washingtonpost.com/nation/2019/01/11/seattle-tv-station-aired-doctoredfootage-trumps-oval-office-speech-employee-hasbeen-fired/?utm_term=.cdb970ea0968.
41. GitHub, "DeepFaceLab," accessed June 10, 2019, github.com/iperov/DeepFaceLab.
42. Francesco Marconi and Till Daldrup, "How the Wall Street Journal Is Preparing Its Journalists to Detect Deepfakes," Nieman Lab, November 15, 2018, www.niemanlab.org/2018/11/how-the-wall-street-journalis-preparing-its-journalists-to-detect-deepfakes/.
43. Cathy O'Neil, *Weapons of Math Destruction: How Big Data Increases Inequality and Threatens Democracy* (New York: Crown, 2016).
44. Julia Angwin and Jeff Larson, "Bias in Criminal Risk Scores Is Mathematically Inevitable, Researchers Say," ProPublica, December 30, 2016, www.propublica.org/article/bias-in-criminal-risk-scores-ismathematically-inevitable-researchers-say.
45. Nick Diakopoulos, "Algorithmic Accountability and Transparency," NickDiakopoulos.com, accessed June 10, 2019, www.nickdiakopoulos.com/projects/algorithmic-accountability-reporting/.
46. Cliff Kuang, "Can A.I. Be Taught to Explain Itself?," *New York Times*, November 21, 2017, www.nytimes.com/2017/11/21/magazine/can-ai-be-taught-toexplain-itself.html.
47. Uli Koppen, "Using Algorithms to Investigate Algorithms and Society," presented at the Computation + Journalism Symposium, Miami, FL, February 2019.
48. Jennifer Valentino-DeVries, "AARP and Key Senators Urge Companies to End Age Bias in Recruiting on Facebook," ProPublica, January 8, 2018, www.propublica.org/article/aarp-and-key-senatorsurge-companies-to-end-age-bias-in-recruiting-onfacebook.
49. Jeff Larson et al., "How We Examined Racial Discrimination in Auto Insurance Prices," ProPublica, April 5, 2017, www.propublica.org/article/minorityneighborhoods-higher-car-insurance-premiumsmethodology.

50. Nigel Chiwaya, "What Can Algorithms Tell You About Your Writing?," *Wall Street Journal*, May 21, 2018, www.wsj.com/graphics/what-algorithms-cantell-you-about-your-writing/.
51. Bradley Hope, "Decoded: Breaking Down How an Actual Trading Algorithm Works," May 22, 2017, Wall Street Journal, www.wsj.com/graphics/journeyinside-a-real-life-trading-algorithm/.
52. Jeff John Roberts, "News Sites That Take on Big Tech Face Legal Peril," *Fortune, September* 27, 2018, fortune.com/2018/09/27/facebook-researchcensorship/.
53. Jeremy B. Merrill et al., "Facebook Political Ad Collector: How Political Advertisers Target You," ProPublica, July 17, 2018, projects.propublica.org/facebook-ads/.

3. ワークフロー——報道機関のDXに必要な拡張的プロセス

1. Titus Plattner and Didier Orel, "Addressing Micro-Audiences at Scale," presented at the Computation + Journalism Symposium, Miami, FL, February 2019.
2. Heather Chaplin, "Guide to Journalism and Design," *Columbia Journalism Review*, July 13, 2016, www.cjr.org/tow_center_reports/guide_to_journalism_and_design.php/.
3. Shan Wang, "The Wall Street Journal Tested Live Push Notifications, with Some Help from the Guardian's Mobile Lab," Nieman Lab, August 4, 2017, www.niemanlab.org/2017/08/the-wallstreet-journal-tested-live-push-notifications-withsome-help-from-the-guardians-mobile-lab/.
4. Kristin Cwalinski, "What Is Kensho?," CNBC, April 15, 2015, www.cnbc.com/2015/04/15/sho.html.
5. Julian Stahnke et al. "Stimmungskurven: Wie geht es uns?" (Mood curves: How are we doing?), *Die Zeit*, March 23, 2017, www.zeit.de/gesellschaft/2017-03/stimmung-wie-geht-es-uns.
6. Seth C. Lewis, "The Tension Between Professional Control and Open Participation," *Information*, *Communication*, and Society 15, no. 6 (2011): 836-866, doi:10.1080/1369118x.2012.674150.
7. "Stories by Numbers: Experimenting with Semi-Automated Journalism," BBC News Labs, March 22, 2019, bbcnewslabs.co.uk/2019/03/22/storiesby-numbers/.
8. Kinsey Wilson, "Note from Kinsey Wilson: Marc Lavallee to Head Story[X]," New York Times Company, September 7, 2016, www.nytco.com/press/note-from-kinsey-wilson-marc-lavallee-tohead-storyx/.
9. Sasha Koren, "Introducing the News Provenance Project," Times Open, July 23, 2019, open.nytimes.com/introducing-the-news-provenance-project-723dbaf07c44.
10. John Keefe, "Announcing the Quartz AI Studio, Designed to Help Journalists Use Machine Learning," *Quartz*, November 20, 2018, qz.com/1464390/announcing-the-quartz-aistudio-designed-to-help-journalists-use-machinelearning/.
11. John Keefe, "Annoucing Quackbot, a Slack Bot for Journalists from Quartz and

DocumentCloud," Quartz Bot Studio, October 3, 2017, bots. qz.com/1455/announcing-quackbot-a-slack-botfor-journalists-from-quartz-and-documentcloud/.
12. "The Washington Post Establishes a Computational Political Journalism R&D Lab to Augment Its Campaign 2020 Coverage," *WashPost PR Blog*, July 24, 2019, www.washingtonpost.com/pr/2019/07/24/washington-post-establishescomputational-political-journalism-rd-labaugment-its-campaign-coverage/.
13. John Morley, "A Blueprint for Better Program Design," LinkedIn, March 27, 2017, www.linkedin.com/pulse/blueprint-better-program-design-johnmorley/.
14. Julia Haslanger, "Hearken Case Study: KQED Gathered 1,300+ Questions About Homelessness," Hearken, November 6, 2016, medium.com/we-arehearken/hearken-case-study-kqed-gathered-1?300-questions-about-homelessness-4939d63a2a46.
15. Tom Felle, John Mair, and Damian Radcliffe, eds., *Data Journalism: Inside the Global Future* (Bury St. Edmunds, Suffolk, UK: Abramis, 2015).
16. Cindy Royal, "The Journalist as Programmer: A Case Study of *The New York Times* Interactive News Technology Department," *International Symposium on Online Journalism* 2, no. 1 (2012), www.isoj.org/wp-content/uploads/2016/10/ISOJ_Journal_V2_N1_2012_Spring.pdf.
17. Kathryn Thomas, "How the WSJ iOS Team Promotes Cross-Team Collaboration Through OKR-Driven Feature Requests," *Dow Jones Tech*, May 29, 2018, medium.com/dowjones/how-thewsj-ios-team-promotes-cross-team-collaborationthrough-okr-driven-feature-requests-a3f534bcccb.
18. Newmark J-School Staff, "Entrepreneurial Journalism Initiative Kicks Off with Five New Courses," CUNY Newmark Graduate School of Journalism, February 14, 2011, www.journalism.cuny.edu/2011/02/entrepreneurial-journalismcertificate-program-opens-for-business/.
19. "Missouri Business Alert: 4 MU Startups Secure First Investments from $2.1M Accelerator Fund," Donald W. Reynolds Journalism Institute, November 16, 2016, www.rjionline.org/stories/missouri-business-alert-4-mu-startups-secure-firstinvestments-from-2.1m-ac.
20. Dana Coester, *A Matter of Space: Designing Newsrooms for New Digital Practice* (Arlington, VA: American Press Institute, 2017), www.americanpressinstitute.org/publications/reports/strategy-studies/matter-of-space/.
21. Michele McLellan and Tim Porter, News, *Improved: How America's Newsrooms Are Learning to Change* (Washington, DC: CQ Press, 2007).

結論

1. Michele Mezza, *Algoritmi di liberta: La Potenza del calcolo tra dominio e conflitto* (Algorithms of freedom: Computational power between domination and conflict) (Rome: Donzelli Editore, 2018).

参考文献

Aldhous, Peter. “We Trained a Computer to Search for Hidden Spy Planes. This Is What It Found.” BuzzFeed News, August 7, 2017. www.buzzfeednews.com/article/peteraldhous/hidden-spy-planes#.mkqoYz91Q.

American Press Institute. “Social and Demographic Differences in News Habits and Attitudes.” Chap. 5 in The Personal News Cycle: How American Choose to Get Their News. Arlington, VA: American Press Institute, 2014. www.americanpressinstitute.org/publications/reports/survey-research/social-demographic-differences-news-habits-attitudes/.

Angwin, Julia, and Jeff Larson. “Bias in Criminal Risk Scores Is Mathematically Inevitable, Researchers Say.” ProPublica, December 30, 2016. www.propublica.org/article/bias-in-criminal-risk-scores-is-mathematically-inevitable-researchers-say.

BBC News Labs. “ALTO-a Multilingual Journalism Tool.” Accessed May 1, 2019. bbcnewslabs.co.uk/projects/alto/.

BBC News Labs. “Stories by Numbers: Experimenting with Semi-Automated Journalism.” March 22, 2019. bbcnewslabs.co.uk/2019/03/22/stories-by-numbers/.

Blackburn, Ralph, and Matthew Clemenson. “More Than a Quarter of Havering Children Obese by the End of Primary School, Says Public Health England.” *Romford Recorder*, January 18, 2018. www.romfordrecorder.co.uk/news/health/more-than-a-quarterof-havering-children-obese-by-the-end-of-primary-school-sayspublic-health-england-1-5359216.

Bloomberg Media Group. “Bloomberg Media’s Innovation Lab Launches ‘The Bulletin’-An AI-Powered News Feed for Bloomberg Mobile App Users.” September 18, 2018. www.bloombergmedia.com/press/bloomberg-medias-innovation-lab-launches-bulletin/.

Branscombe, Mary. “Artificial Intelligence’s Next Big Step: Reinforcement Learning.” New Stack, January 26, 2017. thenewstack.io/ reinforcement-learning-ready-real-world/.

Brunelli, Roberto. *Template Matching Techniques in Computer Vision: Theory and Practice.* Chichester, West Sussex: Wiley, 2009.

Buolamwini, Joy, and Timnit Gebru. “Gender Shades: Intersectional Accuracy Disparities in Commercial Gender Classification.” *Proceedings of Machine Learning Research* 81 (2018): 77-91. proceedings.mlr.press/v81/buolamwini18a.html.

Capital Times. “Local Voices Network: Community Members Say More, Better Public Transportation Needed.” March 25, 2019. madison.com/ct/news/local/local-voices-network-community-members-say-more-better-public-transportation/article_5aeeb82e-63e5-5a7a-a4b2-f50d01963706.html.

Carvajal, Rigoberto. “How Machine Learning Is Revolutionizing Journalism.” ICIJ: International Consortium of Investigative Journalism, August 22, 2018. www.icij.org/blog/2018/08/howmachine-learning-is-revolutionizing-journalism/.

Chaplin, Heather. “Guide to Journalism and Design.” *Columbia Journalism Review*, July 13, 2016. www.cjr.org/tow_center_reports/guide_to_journalism_and_design.php/.

Chen, Jianhui, Hoang M. Le, Peter Carr, Yisong Yue, and James J. Little. “Learning Online Smooth Predictors for Realtime Camera Planning Using Recurrent Decision Trees.” IEEE Conference on Computer Vision and Pattern Recognition, Las Vegas, NV, June 27-30, 2016.

hoangle.info/papers/cvpr2016_online_smooth_long.pdf.
Chin, Josh, and Liza Lin. "China's All-Seeing Surveillance State Is Reading Its Citizens' Faces." *Straits Times* (Singapore), July 7, 2017. www.straitstimes.com/opinion/chinas-all-seeing-surveillance-state-isreading-its-citizens-faces.
Chinoy, Sahil. "We Built an 'Unbelievable' (but Legal) Facial Recognition Machine." *New York Times*, April 16, 2019. www.nytimes.com/interactive/2019/04/16/opinion/facial-recognition-new-yorkcity.html.
Chiwaya, Nigel. "What Can Algorithms Tell You About Your Writing?" *Wall Street Journal*, May 21, 2018. www.wsj.com/graphics/whatalgorithms-can-tell-you-about-your-writing/.
Coester, Dana. *A Matter of Space: Designing Newsrooms for New Digital Practice*. Arlington, VA: American Press Institute, 2017. www.americanpressinstitute.org/publications/reports/strategy-studies/matter-of-space/.
Confessore, Nicholas, Gabriel J. X. Dance, Richard Harris, and Mark Hansen. "The Follower Factory." *New York Times*, January 27, 2018. www.nytimes.com/interactive/2018/01/27/technology/social-media-bots.html.
Confessore, Nicholas, Gabriel J. X. Dance, and Rich Harris. "Twitter Followers Vanish Amid Inquiries into Fake Accounts." *New York Times*, January 31, 2018. www.nytimes.com/interactive/2018/01/31/technology/social-media-botsinvestigations.html.
Cwalinski, Kristin. "What Is Kensho?" CNBC, April 15, 2015. www.cnbc.com/2015/04/15/sho.html.
Dance, Gabriel, and Tom Jackson. "Rock-Paper-Scissors: You vs. the Computer." *New York Times*, October 7, 2010. archive.nytimes.com/www.nytimes.com/interactive/science/rock-paper-scissors.html.
Dataminr. "Dataminr for News Enters Continental Europe, Signing Deal with France Info." September 6, 2016. www.dataminr.com/press/dataminr-for-news-enters-continental-europe-signing-deal-withfrance-info.
Del Vicario, Michela, Antonio Scala, Guido Caldarelli, H. Eugene Stanley, and Walter Quattrociocchi. "Modeling Confirmation Bias and Polarization." *Scientific Reports* 7, no. 40391 (2017). doi:10.1038/srep40391.
Diakopoulos, Nick. "Algorithmic Accountability and Transparency." NickDiakopoulos.com, accessed June 10, 2019. www.nickdiakopoulos.com/projects/algorithmic-accountabilityreporting/.
Didier, Isabelle, and Philippe Raynaud. "Production automatique de textes: L'IA au service des journalistes." InaGlobal, November 19, 2013. www.inaglobal.fr/numerique/article/production-automatiquede-textes-l-ia-au-service-des-journalistes-10092.
Dierickx, Laurence. "Why News Automation Fails." Presented at the Computation + Journalism Symposium, Miami, FL, February 2019.
Donald W. Reynolds Journalism Institute. "Missouri Business Alert: 4 MU Startups Secure First Investments from $2.1M Accelerator Fund." November 16, 2016. www.rjionline.org/stories/missouribusiness-alert-4-mu-startups-secure-first-investments-from-2.1mac.

Drew, Kevin K., and Ryan J. Thomas. "From Separation to Collaboration." *Digital Journalism* 6, no. 2 (2017): 196-215. doi:10.1080/21670811.2017.1317217.
El País. "Conexiones entre politicos y medios en Twitter." January 31, 2016. elpais.com/elpais/2016/01/29/media/1454086689_574154.html.
Felle, Tom, John Mair, and Damian Radcliffe, eds. *Data Journalism: Inside the Global Future.* Bury St. Edmunds, Suffolk, UK: Abramis, 2015.
Ferne, Tristan. "Beyond 800 Words: New Digital Story Formats for News." BBC News Labs, September 26, 2017. medium.com/bbc-newslabs/beyond-800-words-new-digital-story-formats-for-newsab9b2a2d0e0d.
Financial Times. "FT Introduces 'She Said He Said' Bot to Diversify Sources in Articles." November 15, 2018. aboutus.ft.com/en-gb/announcements/ft-introduces-she-said-he-said-bot-to-diversifysources-in-articles/.
Frey, Carl Benedikt, and Michael A. Osborne. "The Future of Employment: How Susceptible Are Jobs to Computerisation?" *Technological Forecasting and Social Change* 114 (2017): 254-80. doi:10.1016/j.techfore.2016.08.019.
FT Labs. "JanetBot: Analysing Gender Diversity on the FT Homepage." July 11, 2018. labs.ft.com/product/2018/11/07/janetbot.html.
GitHub. "DeepFaceLab." Accessed June 10, 2019. github.com/iperov/DeepFaceLab.
Glenday, John. "AI Artist Behind Art for Latest Bloomberg Cover." *The Drum*, May 18, 2018. www.thedrum.com/news/2018/05/18/aiartist-behind-art-latest-bloomberg-cover.
Greenfield, Sam. "Picture What the Cloud Can Do: How the New York Times Is Using Google Cloud to Find Untold Stories in Millions of Archived Photos." *Google Cloud Blog*, November 9, 2018. cloud.google.com/blog/products/ai-machine-learning/how-thenew-york-times-is-using-google-cloud-to-find-untold-stories-inmillions-of-archived-photos.
Haim, Mario, and Andreas Graefe. "Automated News: Better Than Expected?" *Digital Journalism* 5, no. 8 (2017): 1044?59. www.tandfonline.com/doi/abs/10.1080/21670811.2017.1345643.
Haslanger, Julia. "Hearken Case Study: KQED Gathered 1,300+ Questions About Homelessness." Hearken, November 16, 2016. medium.com/we-are-hearken/hearken-case-study-kqed-gathered-1-300-questions-about-homelessness-4939d63a2a46.
Ho, Stephanie. "Sense It! A Beginner's Guide to Sensor Journalism." Accessed June 19, 2019. www.stephanieho.work/sense-it/.
Hoodline. "Craving Japanese? Check Out These 3 New Philadelphia Spots." January 24, 2018. hoodline.com/2018/01/craving-japanesecheck-out-these-3-new-philadelphia-spots.
Hope, Bradley. "Decoded: Breaking Down How an Actual Trading Algorithm Works." *Wall Street Journal*, May 22, 2017. www.wsj.com/graphics/journey-inside-a-real-life-trading-algorithm/.
Hwang, Tim. "Announcing the Winners of the AI and the News Open Challenge." Knight Foundation, March 12, 2019. knightfoundation.org/articles/announcing-the-winners-of-theai-and-the-news-open-challenge.

Kalogeropoulos, Antonis. "The Rise of Messaging Apps for News." Section 2.6 in Nic Newman et al., *Digital News Report* 2018. www.digitalnewsreport.org/survey/2018/the-rise-of-messaging-appsfor-news/.
Katona, Zsolt, Jonathan A. Knee, and Miklos Sarvary. "Agenda Chasing and Contests Among News Providers." Columbia Business School Research Paper no. 13-49, July 3, 2013. doi:10.2139/ssrn.2288672.
Keefe, John. "Annoucing Quackbot, a Slack Bot for Journalists from Quartz and DocumentCloud." Quartz Bot Studio, October 3, 2017. bots.qz.com/1455/announcing-quackbot-a-slack-bot-forjournalists-from-quartz-and-documentcloud/.
Keefe, John. "Announcing the Quartz AI Studio, Designed to Help Journalists Use Machine Learning." *Quartz*, November 20, 2018. qz.com/1464390/announcing-the-quartz-ai-studio-designed-tohelp-journalists-use-machine-learning/.
Kestin, Sally, John Maines, and Dana Williams. "Speeding Cops Get Special Treatment, Sun Sentinel Investigation Finds." *South Florida Sun Sentinel*, February 13, 2012. www.sun-sentinel.com/local/flspeeding-cops-culture-20120213-story.html.
Kirschenbaum, Jill, Adya Beasley, and Madeline Carson. "Voices from a Divided America." *Wall Street Journal*, October 29, 2018. www.wsj.com/articles/voices-from-a-divided-america-1540822594.
Köppen, Uli. "Using Algorithms to Investigate Algorithms and Society." Presented at the Computation + Journalism Symposium, Miami, FL, February 2019.
Koren, Sasha. "Introducing the News Provenance Project." Times Open, July 23, 2019, open.nytimes.com/introducing-the-news-provenanceproject-723dbaf07c44.
Kuang, Cliff. "Can A.I. Be Taught to Explain Itself ?" *New York Times*, November 21, 2017. www.nytimes.com/2017/11/21/magazine/can-ai-be-taught-to-explain-itself.html.
Larson, Jeff, Julia Angwin, Lauren Kirchner, and Surya Mattu. "How We Examined Racial Discrimination in Auto Insurance Prices." ProPublica, April 5, 2017. www.propublica.org/article/minorityneighborhoods-higher-car-insurance-premiums-methodology.
Levy, David, and Damian Radcliffe. "Social Media Is Changing Our Digital News Habits?but to Varying Degrees in US and UK." *The Conversation*, December 19, 2018. theconversation.com/social-media-is-changing-our-digital-news-habits-but-to-varyingdegrees-in-us-and-uk-60900.
Lewis, Seth C. "The Tension Between Professional Control and Open Participation." *Information, Communication, and Society* 15, no. 6 (2011): 836?866. doi:10.1080/1369118x.2012.674150.
Liscio, Zack. "What Networks Does BuzzFeed Actually Use?" Naytev Insights, accessed June 19, 2019. www.naytev.com/insights/whatnetworks-does-buzzfeed-use.
Los Angeles Times (@LANow). "Please note: We just deleted an automated tweet saying there was a 6.8 earthquake in Isla Vista. That earthquake happened in 1925." Twitter, June 21, 2017, 7:01 p.m.twitter.com/LANow/status/877677781089304576.
Marconi, Francesco, and Till Daldrup. "How the Wall Street Journal Is Preparing Its Journalists

to Detect Deepfakes." Nieman Lab, November 15, 2018. www.niemanlab.org/2018/11/howthe-wall-street-journal-is-preparing-its-journalists-to-detectdeepfakes/.
Marconi, Francesco, and Taylor Nakagawa. *The Age of Dynamic Storytelling: A Guide for Journalists in a World of Immersive 3-D Content.* New York: Associated Press, 2017. www.amic.media/media/files/file_352_1328.pdf.
Marconi, Francesco, and Alex Siegman. "A Day in the Life of a Journalist in 2027: Reporting Meets AI." *Columbia Journalism Review*, April 11, 2017. www.cjr.org/innovations/artificial-intelligencejournalism.php.
Marconi, Francesco, and Alex Siegman. *The Future of Augmented Journalism: A Guide for Newsrooms in the Age of Smart Machines.* New York: Associated Press, 2017.
Mari, Will. "Technology in the Newsroom." *Journalism Studies* 19, no. 9 (2018): 1366-1389. doi:10.1080/1461670x.2016.1272432.
Maseda, Barbara. "Text-as-Data Journalism? Highlights from a Decade of SOTU Speech Coverage." *Online Journalism Blog*, February 5, 2018. onlinejournalismblog.com/2018/02/05/text-as-datajournalism-sotu-speeches/#more-25542.
Matsa, Katerina Eva, and Elisa Shearer. "News Use Across Social Media Platforms 2018." Pew Research Center, September 10, 2018. www.journalism.org/2018/09/10/news-use-across-social-mediaplatforms-2018/.
McDowell, Robin, Martha Mendoza, and Margie Mason. "AP Tracks Slave Boats to Papua New Guinea." Associated Press, July 27, 2015. www.ap.org/explore/seafood-from-slaves/ap-tracks-slave-boatsto-papua-new-guinea.html.
McLellan, Michele, and Tim Porter. News, *Improved: How America's Newsrooms Are Learning to Change.* Washington, DC: CQ Press, 2007.
McQuivey, James L., with Carlton A. Doty and Ryan Trafton. *Will People Really Do That?* Cambridge, MA: Forrester, 2015. www.forrester.com/report/Will+People+Really+Do+That/-/E-RES117907.
Media Cloud. "Media Cloud in Action: Case Studies." Accessed June 19, 2019. mediacloud.org/case-studies/.
Merrill, Jeremy B., and Natasha Frost. "Here's What Lyft Talks About as Risk Factors That Other Companies Don't." *Quartz*, March 1, 2019. qz.com/1563668/lyfts-ipo-filing-highlights-risk-factorsother-companies-dont-mention/.
Merrill, Jeremy B., Ally J. Levine, Ariana Tobin, Jeff Larson, and Julia Angwin. "Facebook Political Ad Collector: How Political Advertisers Target You." ProPublica, July 17, 2018. projects. propublica.org/facebook-ads/.
Mezza, Michele. *Algoritmi di liberta: La potenza del calcolo tra dominio e conflitto* (Algorithms of freedom: Computational power between domination and conflict). Rome: Donzelli Editore, 2018.
Montal, Tal, and Zvie Reich. "I, Robot. You, Journalist: Who Is the Author?" *Digital Journalism* 5, no. 7 (2017): 829-49. www.tandfonline.com/doi/abs/10.1080/21670811.2016.1209083?journalCode=rdij20.

Morley, John. "A Blueprint for Better Program Design." LinkedIn, March 27, 2017. www.linkedin.com/pulse/blueprint-better-programdesign-john-morley/.
Moses, Lucia. "The Washington Post's Robot Reporter Has Published 850 Articles in the Past Year." Digiday, September 14, 2017. digiday.com/media/washington-posts-robot-reporter-published-500-articles-last-year/.
Muskus, Jeff. "AI Made Incredible Paintings in About Two Weeks." Bloomberg, May 17, 2018. www.bloomberg.com/news/articles/2018?05?17/ai-made-incredible-paintings-in-abouttwo-weeks.
Myles, Stuart. "Photomation or Fauxtomation? Automation in the Newsroom and the Impact on Editorial Labour-A Case Study." Presented at the Computation + Journalism Symposium, Miami, FL, February 2019.
Naimat, Aman. *The New Artificial Intelligence Market.* Vol. 1. Sebastopol, CA: O'Reilly Media, 2016.
Newman, Nic. *Journalism, Media, and Technology Trends and Predictions 2019.* Oxford: Reuters Institute for the Study of Journalism, 2019. reutersinstitute.politics.ox.ac.uk/sites/default/files/2019-01/Newman_Predictions_2019_FINAL.pdf.
Newman, Nic, with Richard Fletcher, Antonis Kalogeropoulos, David A. L. Levy, and Rasmus Kleis Nielsen. *Digital News Report* 2018. Oxford: Reuters Institute for the Study of Journalism, 2018. media.digitalnewsreport.org/wp-content/uploads/2018/06/digital-news-report-2018.pdf ?x89475.
Newmark J-School Staff. "Entrepreneurial Journalism Initiative Kicks Off with Five New Courses." CUNY Newmark Graduate School of Journalism, February 14, 2011. www.journalism.cuny.edu/2011/02/entrepreneurial-journalism-certificate-programopens-for-business/.
Oda, Shoko. "This Media Startup Is Beating the Competition with a Newsroom Run by Robots." Bloomberg, May 27, 2018. www.bloomberg.com/news/articles/2018?05?27/the-airline-geektrying-to-build-a-media-giant-with-no-reporters.
O'Neil, Cathy. *Weapons of Math Destruction: How Big Data Increases Inequality and Threatens Democracy.* New York: Crown, 2016.
Overview. "What Did Private Security Contractors Do in Iraq?" February 21, 2012. blog.overviewdocs.com/2012/02/21/iraq-securitycontractors/.
Owen, Diana. *The State of Technology in Global Newsrooms* (2017 survey). Washington, DC: International Center for Journalists, 2018. www.icfj.org/sites/default/files/2018-04/ICFJTechSurveyFINAL.pdf.
Pacheco, Inti, and Stephanie Stamm. "GE CEO Letters Decoded: Shrinking Ambitions and Disappearing Buzzwords." *Wall Street Journal*, March 1, 2019. www.wsj.com/articles/ge-ceo-letters-decodedshrinking-ambitions-and-disappearing-buzzwords-11551441600.
Peddie, Sandra, and Adam Playford. "Police Misconduct Hidden from Public by Secrecy Law, Weak Oversight." *Newsday*, December 18, 2013. www.newsday.com/long-island/police-misconduct-hiddenfrom-public-by-secrecy-law-weak-oversight-1.6630092.

Perrin, Andrew. "Americans Are Changing Their Relationship with Facebook." Pew Research Center, September 5, 2018. www.pewresearch.org/fact-tank/2018/09/05/americans-are-changingtheir-relationship-with-facebook/.
Perrin, Nicole. "Amazon Is Now the No. 3 Digital Ad Platform in the US." *eMarketer*, September 19, 2018. www.emarketer.com/content/amazon-is-now-the-no-3-digital-ad-platform-in-the-us.
Plattner, Titus, and Didier Orel. "Addressing Micro-Audiences at Scale." Presented at the Computation + Journalism Symposium, Miami, FL, February 2019.
PricewaterhouseCoopers. "Sizing the Prize: What's the Real Value of AI for your Business and How Can You Capitalise?" August 16, 2017. www.pwc.com/gx/en/issues/analytics/assets/pwc-ai-analysissizing-the-prize-report.pdf.
Radford, Alec, Jeffrey Wu, Dario Amodei, Daniela Amodei, Jack Clark, Miles Brundage, and Ilya Sutskever. "Better Language Models and Their Implications." *OpenAI Blog*, February 15, 2019. blog. openai.com/better-language-models/.
Radiolab. "Cicada Tracker." WNYC Studios, accessed June 19, 2019. project.wnyc.org/cicadas/.
Reuters. "Reuters News Tracer: Filtering through the Noise of Social Media." Reuters Community, May 15, 2017. www.reuterscommunity.com/topics/newsroom-of-the-future/reutersnews-tracer-filtering-through-the-noise-of-social-media/.
Robbins, Danny, and Carrie Teegardin. "Still Forgiven: An AJC National Investigation." *Atlanta Journal-Constitution*, April 26, 2018. doctors.ajc.com/.
Roberts, Jeff John. "News Sites That Take on Big Tech Face Legal Peril." *Fortune*, September 27, 2018. fortune.com/2018/09/27/facebook-research-censorship/.
Roush, Chris. "AP Biz Editor Gibbs to Oversee News Partnerships." *Talking Biz News*, July 21, 2017. talkingbiznews.com/1/ap-biz-editorgibbs-to-oversee-news-partnerships/.
Royal, Cindy. "The Journalist as Programmer: A Case Study of *The New York Times* Interactive News Technology Department." *International Symposium on Online Journalism* 2, no. 1 (2012). www.isoj.org/wp-content/uploads/2016/10/ISOJ_Journal_V2_N1_2012_Spring.pdf.
Slobin, Sarah. "A Computer Watched the Debates. It Thought Clinton Was Happy and Trump Was Angry and Quite Sad." *Quartz*, April 19, 2017. qz.com/810092/a-computer-watched-the-debates-andthought-clinton-happy-trump-angry-sad/.
Sportradar. "AP to Preview Every NBA Game with Automation from HERO Sports, Data from Sportradar." January 24, 2019. sportradar.us/2019/01/ap-to-preview-every-nba-game-withautomation-from-hero-sports-data-from-sportradar/.
Stahnke, Julian, Tom Lazar, Philip Faigle, and Fabian Mohr. "Stimmungskurven: Wie geht es uns?" (Mood curves: How are we doing?) *Die Zeit*, March 23, 2017. www.zeit.de/gesellschaft/2017-03/stimmung-wie-geht-es-uns.
Swenson, Kyle. "A Seattle TV Station Aired Doctored Footage of Trump's Oval Office Speech. The Employee Has Been Fired." *Washington Post*, January 11, 2019. www.washingtonpost.

com/nation/2019/01/11/seattle-tv-station-aired-doctored-footagetrumps-oval-office-speech-employee-has-been-fired/?utm_term=.cdb970ea0968.
Thomas, Kathryn. "How the WSJ iOS Team Promotes Cross-Team Collaboration Through OKR-Driven Feature Requests." *Dow Jones Tech*, May 29, 2018. medium.com/dowjones/how-the-wsjios-team-promotes-cross-team-collaboration-through-okr-drivenfeature-requests-a3f534bcccb.
Thompson, Alex. "Parallel Narratives: Clinton and Trump Supporters Really Don't Listen to Each Other on Twitter." Vice News, December 8, 2016. news.vice.com/en_us/article/d3xamx/journalists-andtrump-voters-live-in-separate-online-bubbles-mit-analysis-shows.
True Anthem. "Success Story: Hearst Television." Accessed June 19, 2019. www.trueanthem.com/hearst-television/.
U.S. Bureau of Labor Statistics. "Newspaper Publishers Lose Over Half Their Employment from January 2001 to September 2016." April 3, 2017. www.bls.gov/opub/ted/2017/newspaper-publisherslose-over-half-their-employment-from-january-2001-toseptember-2016.htm.
Valentino-DeVries, Jennifer. "AARP and Key Senators Urge Companies to End Age Bias in Recruiting on Facebook." ProPublica, January 8, 2018. www.propublica.org/article/aarp-and-key-senators-urgecompanies-to-end-age-bias-in-recruiting-on-facebook.
Vicario, Michela del, Antonio Scala, Guido Caldarelli, H. Eugene Stanley, and Walter Quattrociocchi. "Modeling Confirmation Bias and Polarization." *Scientific Reports* 7, no. 1 (2017). doi:10.1038/srep40391.
Voicebot. *U.S. Smart Speaker Consumer Adoption Report* 2019. January 2019. voicebot.ai/smart-speaker-consumer-adoptionreport-2019/.
Wall Street Journal. "Voices from a Divided America." October 29, 2018. www.wsj.com/articles/voices-from-a-dividedamerica-1540822594.
Wang, Shan. "After Years of Testing, the Wall Street Journal Has Built a Paywall That Bends to the Individual Reader." Nieman Lab, February 22, 2018. www.niemanlab.org/2018/02/after-years-oftesting-the-wall-street-journal-has-built-a-paywall-that-bends-tothe-individual-reader/.
Wang, Shan. "The Wall Street Journal Tested Live Push Notifications, with Some Help from the Guardian's Mobile Lab." Nieman Lab, August 4, 2017. www.niemanlab.org/2017/08/the-wall-streetjournal-tested-live-push-notifications-with-some-help-from-theguardians-mobile-lab/.
WashPost PR. "The Washington Post Establishes a Computational Political Journalism R&D Lab to Augment Its Campaign 2020 Coverage." *WashPost PR Blog*, July 24, 2019. www.washingtonpost.com/pr/2019/07/24/washington-post-establishes-computationalpolitical-journalism-rd-lab-augment-its-campaign-coverage/.
WashPost PR. "The Washington Post Experiments with Automated Storytelling to Help Power 2016 Rio Olympics Coverage." *WashPost PR Blog*, August 5, 2016. www.washingtonpost.com/pr/wp/2016/08/05/the-washington-post-experiments-withautomated-

storytelling-to-help-power-2016-rio-olympics-coverage/?utm_term=.85060ab27a8d.
WashPostPR. "The Washington Post Launches on Twitch." *WashPost PR Blog*, July 16, 2018. www.washingtonpost.com/pr/wp/2018/07/16/the-washington-post-launches-on-twitch/?utm_term=.959a16de1e2b.
Wei, Sisi. "Creating Games for Journalism." ProPublica, July 11, 2013. www.propublica.org/nerds/creating-games-for-journalism.
Wibbitz. "How Review-Journal Strengthens the Vegas Community Through Powerful Video Storytelling." Accessed June 19, 2019. www.wibbitz.com/resources/review-journal-local-news-videocase-study/.
Willens, Max. "Forbes Is Building More AI Tools for Its Reporters." Digiday, January 3, 2019. digiday.com/media/forbes-built-a-robot-to-prewrite-articles-for-its-contributors/.
Wilson, Kinsey. "Note from Kinsey Wilson: Marc Lavallee to Head Story[X]." New York Times Company, September 7, 2016. www.nytco.com/press/note-from-kinsey-wilson-marc-lavallee-to-headstoryx/.
Xinhua News Agency. "Xinhua Upgrades AI-Based News Production System." June 15, 2018, www.xinhuanet.com/english/2018-06/15/c_137256200.htm.
Xinhua News Agency. "World's First AI News Anchor Makes 'His' China Debut." November 8, 2018. www.xinhuanet.com/english/2018-11/08/c_137591813.htm.
Yoneshige, Katsuhiro. "About JX PRESS-English." JX Press. Accessed June 19, 2019. jxpress.net/about/about-jx-press/.
Zarracina, Javier. "The Words of Obama's State of the Union Speeches." Vox, January 14, 2016. www.vox.com/2016/1/14/10767748/state-ofunion-2016-word-count.
Zhou, Youyou. "Analysis of 141 Hours of Cable News Reveals How Mass Killers Are Really Portrayed." *Quartz*, October 14, 2017. qz.com/1099083/analysis-of-141-hours-of-cable-news-revealshow-mass-killers-are-really-portrayed/.
Zittrain, Jonathan. "The Hidden Costs of Automated Thinking." *New Yorker*, July 23, 2019. www.newwyorker.com/tech/annals-oftechnology/the-hidden-costs-of-automated-thinking.